扫码,听芝麻科学故事

## 《芝麻大问号》编委会

主　任：张卫东

副主任：刘　洋　陈　曦

委　员：(按姓氏笔画排序)
　　　　于新志　万　媛　王　倩　王济民
　　　　方海琼　刘　洋　刘静波　闫　颖
　　　　许　喆　纪秋香　李　旸　杨美男
　　　　张卫东　陈　曦　范体宇　郑小钰
　　　　殷业强　郭　榕　黄志远　崔　玲
　　　　潘　琴

审　定：李秋弟

芝麻 编著

本书是一本适合7～12岁少年儿童阅读的科普百科类图书,以央视著名少儿科普节目主持人芝麻解答新奇、有趣的科学问题为主要表现形式,书中精选了40个适合当代少年儿童知识水平和阅读习惯的科学问题,包括"这是真的吗""身边的大问号""动物的新鲜事""植物通关密语""世界未解之谜"和"科技超炫酷"等类别,通过芝麻风趣、生动甚至有些夸张的语言以及漂亮的图片,为小读者们讲解自然的奥秘、生活的诀窍,让他们感到科学原来是这么好玩、有趣,从而激发他们对科学的兴趣,培养他们探索科学的精神以及对自然万物的人文关怀。

### 图书在版编目（CIP）数据

芝麻大问号2／芝麻编著．—北京：化学工业出版社，2014.4（2024.4重印）
ISBN 978-7-122-19995-9

Ⅰ.①芝… Ⅱ.①芝… Ⅲ.①科学知识-少儿读物 Ⅳ.①Z228.1

中国版本图书馆CIP数据核字(2014)第051734号

---

策　　划：刘海星
责任编辑：王向民　张素芳　王思慧
装帧设计：尹琳琳

---

出版发行：化学工业出版社　（北京市东城区青年湖南街13号　邮政编码100011）
印　　装：北京虎彩文化传播有限公司
880mm×1230mm　1/32　印张5　字数200千字
2024年4月北京第1版第14次印刷

---

购书咨询：010-64518888　　　　　　　　　　售后服务：010-64518899
网　　址：http://www.cip.com.cn
凡购买本书,如有缺损质量问题,本社销售中心负责调换。

---

定　　价：25.00元　　　　　　　　　　　　　　版权所有　违者必究

# 成长的必要一课

这本书我是抱着极大的热情并带着微笑看完的，我不得不说，在目前已经出版的大量青少年科普图书中，能让我有这样的耐心和兴趣读下去的书并不多。

现在，孩子的教育已成为每个家长无比上心的一件事，然而，并非只有学校的教学才是唯一重要的教育，与他人的交流、领导能力、团队协作能力、面对困难的应对方法、合理安排计划、必要的文史哲修养，等等，都是孩子成长过程中需要涉及的内容。当然，科普知识和科学精神更是必不可少的一课。

科普教育是一种社会教育，它涉及自然科学、社会科学等多方面的内容，同时它还是一种全民性的教育，无论孩子还是我们大人都需要接受这种教育。它是我们工作、学习和生活中都用得到的小贴士、大智慧，实用而且神奇。而科学研究和探索中提倡的那种务实、钻研、勤勉、坚韧的精神，更是孩子们从小应养成的习惯，只有这样才能让科学精神在他们的心中生根、发芽。无论家长对孩子们未来的规划是否与科学有关，让孩子们接受科普教育对他们今后的人生都是很有助益的，而一本既有趣又通俗易懂、包罗万象的儿童科普读物是启蒙的很好选择。

孩子们承载着万千父母的期望，同时也背负着祖国的期待，让他们快乐、健康地成长和全面发展是天下父母与祖国母亲的共同愿望，而科普无疑是其中非常必要的一课——请原谅我再次强调，因为事实早已证明，这真的很重要。我期待看到更多像本书这样适合孩子们阅读的科普书的问世，我相信孩子们也期待得到这样一本可以将他们的世界变得更加绚丽多彩的图书。

第十届全国人大常委会副委员长
中国关心下一代工作委员会主任  顾秀莲

# 世界到底有多奇妙？

亲爱的小读者们，现在你们手里的这一系列"大问号"，是大家最喜欢的芝麻特意为你们而写的。你们喜欢芝麻的有趣和聪明，但是大概不知道他为什么要写这么一系列书吧！"世界"，听起来又庞大又深奥，感觉是大人才能懂的事情，小朋友也可以看这样的书吗？

当然可以，因为我们生活在这个世界里，世界的奇妙，是无处不在的。

每天早晨，当你起床的时候，你有没有想过，太阳为什么总是从东边升起，又在西方落下？当你走在上学的路上，会不会思考，行道树是什么品种，那些枝头的鸟儿又有怎样的习性？还有，蚊子为什么要咬人，苍蝇为什么会传播疾病？家里的小狗为什么吐着舌头？就连你睡觉的时候，大自然都悄悄地藏在你身边，蟋蟀在窗外轻声地歌唱，还有些美丽的花儿，专门在夜里开放。

只不过，你们现在年龄还小，掌握的自然知识也有限，但你们终有一天会长大，成为对社会有用的人，有些人还能成为科学家或者自然学家。也许那时候，世界对你们来说仍然还有很多"为什么""怎么办"和"不知道"，但是，请相信我吧，你们一定会觉得，世界真的是太奇妙了！

世界的秘密有多少？这些"大问号"会比电子游戏更加有意思吗？

当然是这样，芝麻在书里会告诉你很多有意思的知识，我们生活在这个美丽的地球上,如果你完全不懂这些秘密,那可真是太不好玩了。

其实,整个世界和整个宇宙,并不是有些小朋友认为的那么"遥远",相反,它会让你知道很多有趣和吸引人的事。比如,世界上还有恐龙吗?很多小朋友都知道,没有了,那芝麻为什么会知道恐龙有多高?他是乱猜的吗?还是真的有一台能够穿越时光的机器,把芝麻送回了恐龙的时代?答案都不是,芝麻没有乱猜,更没有亲眼看到,而是科学家们提供了一种方法,使得我们就算没有见过恐龙,仍然能够推断出它们当时是怎么生活的。如果你想知道这个秘密,除了亲自去问芝麻,就只好翻开书来读一读了。

愿芝麻的书,能带给你们最大的快乐!

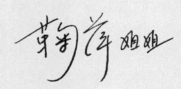

# 目录

## 这是真的吗?

- 猫的瞳孔会变大变小,这是真的吗? /002
- 老马识途,这是真的吗? /005
- 吃巧克力能让人快乐,这是真的吗? /009
- 海牛也是吃草的,这是真的吗? /013
- 有比老鼠还小的猴子,这是真的吗? /016
- 所有会叫的蝉都是雄蝉,这是真的吗? /019
- 汽车会自动驾驶,这是真的吗? /022
- 鲸会集体自杀,这是真的吗? /025

## 动物的新鲜事

- 小青蛙为什么叫声那么大？ /030
- 藏獒和京巴都是狗为什么相差那么大？ /034
- 牛和马为什么喜欢甩尾巴？ /038
- "臭大姐"为什么那么臭？ /042
- 壁虎为什么不会从墙上掉下来？ /045
- 谁是自然界真正的跳高冠军？ /049
- 最大的鲸有多大？ /052
- 昆虫是用鼻子呼吸吗？ /055
- 鸟类中被称为"东方宝石"的是哪种鸟？ /058
- 毒蛇会被自己的毒液毒死吗？ /061
- 你知道"水中群狼"是什么动物吗？ /064

## 身边的大问号

- 鱼眼照相机是干什么用的？ /070
- 电子体温计是怎样测量体温的？ /073
- 等离子电视和液晶电视哪个更耐用？ /076
- 苍蝇携带那么多病菌，为什么自己不会被感染呢？ /080
- "电子眼"是如何记录交通违章的？ /083

# 植物通关密语

- 橡胶树为什么有毒又有用？　/088
- 月光花是见到月光才开放吗？　/091
- 会流血的树你见过吗？　/094
- 世界上最大的花是什么？　/097
- 含羞草真的会害羞吗？　/100
- 能够捕捉昆虫的植物你见过吗？　/103
- "臭名昭著"的美丽植物是什么？　/107

## 世界未解之谜

- 克隆人体器官能实现吗？ /112
- 千年以后的冷冻人会醒吗？ /115
- 人能不能听懂动物的语言？ /118
- 人类的始祖是恐龙吗？ /121

## 科技超炫酷

- 人能像鸟类一样自由飞行吗？ /126
- 汽车跑得比声音的速度还快吗？ /129
- 潜水艇到底能潜多深？ /133
- 可以弯曲的电视屏幕你见过吗？ /137
- 海水能变成淡水吗？ /141

# 这是真的吗?

猫的瞳孔会变大变小,这是真的吗?
吃巧克力能让人快乐,这是真的吗?
有比老鼠还小的猴子,这是真的吗?

# 猫的瞳孔会变大变小，这是真的吗？

在芝麻实验室里，我养了一只猫，为的是防止那些老鼠进来搞破坏。从此，近距离地观察猫就成了芝麻我最大的乐趣。经过我的仔细观察，发现猫的瞳孔会变大变小。下面就让我来给你们详细说明一下吧！

如果你家养了一只猫，那就好办了。只要你在每天不同的时间去观察它的眼睛，就会发现这种变化：早晨的时候阳光强度中等，猫的瞳孔就像枣核一样；中午光线强烈，猫的瞳孔会缩成一条线；而到了晚上，为了适应黑暗的环境，看清夜色中的物体，猫的瞳孔就会放大变圆，眼中闪出让老鼠胆寒的光来。当然，这个所谓的"一日三变"并不是说猫的瞳孔会像时钟那样在一天当中有规律地变化，而是直接取决于光线的强弱。所以，即使在晴天的中午，如果猫待在光线昏暗的房间里，它的瞳孔还是和晚上一样，又圆又大，而不会缩成一条线。那么，猫的瞳孔为什么会变大变小呢？它们是怎么做到这一点的？

我们先来看看自己的眼睛，所有人的瞳孔都可以变大变小，用来调节眼睛的进光量，强光下瞳孔缩小，弱光下瞳孔放大，保证眼睛的进光量合适，从而避免视网膜被强光损伤。你可以在晚上对着镜子试验一下，当手电筒的光线直射入眼睛的时候，我们的瞳孔会迅速缩小，这个现象非常明显。从极度收缩到极度扩张，瞳孔的直径可以从小于1毫米变到大于9毫米，变化范围非常大，这是专门针对瞳孔缩放的需要而具备的特点。猫的瞳孔变大变小，和人一样，也是身体为了适应光线的变化而做出的反应。

动物视力的差异主要取决于它们视网膜中的"光感受细胞"，也就是能把光刺激转变成神经冲动的细胞。根据外形的不同，可将光感受细胞分为视杆细胞和视锥细胞两类，像老鼠这类在夜间活动的动物，视网膜的光感受器以视杆细胞为主，而白天活动的动物则以视锥细胞为主。大多数脊椎动物，包括人在内，都是两种光感受细胞兼有的。视杆细胞在光线较暗时比较活跃，有较高的光敏度，但是在精细的空间和色觉分辨上不太擅长；在明亮的环境中，视锥细胞起主导作用，提供色觉以及精细视觉的服务，这就是视觉的二元理论。在人眼的视网膜中，视锥细胞有600万~800万个，视杆细胞总数达1亿以上，以镶嵌的形式不均匀地分布在视网膜各处。猫眼拥有的视杆细胞比例更高，所以适应暗处的能力也更强，这对猫的夜间活动和觅食都具有重要意义。

不过有一点需要强调一下，一般家养的猫科动物瞳孔遇到光线变强时会有很明显的收缩，变成竖直的线状，而像狮子、老虎、豹子这些野生的大型猫科动物，它们的瞳孔就不一样了，虽然遇到光线也会收缩，但是仍然是圆形的，不会变成一条线哦！

## 芝麻告诉你

猫眼在夜里会发出碧绿的亮光，这是因为猫眼球底部的绒毡层很发达，能把收集的光线反射出去，让猫的眼睛在黑暗中显得特别明亮，这层反射板结构在鹿、浣熊等动物的眼睛里也都有，所以夜晚遇到车灯照射时，这些动物的眼睛也会闪闪发光。

现在，我要考考你们：在猫科动物的36个成员中，只有一位成员的爪子是不能完全收回肉垫中去的，大家知道是以下的哪一位吗？

A. 猎豹　　B. 花豹　　C. 云豹　　D. 雪豹

# 老马识途,这是真的吗?

除了自然科学,芝麻我还非常喜欢历史。其实在我家里,书架上最多的就是和历史有关的书籍,我的业余时间也喜欢看历史书,看得多了,有时候就会思考一些问题,历史书上讲的故事,都有科学道理吗?比如下面的这个故事:

在中国古典书籍《韩非子》中记载了这样一个故事,公元前663年,齐桓公应燕国的要求出兵攻打入侵燕国的山戎,战胜回国的时候,大军在崇山峻岭里迷了路,情况危急,再不找到出路,大军就会耗尽粮草困死在山谷里。关键时刻,齐桓公采纳了管仲的建议,挑出几匹军中老马,解开缰绳,让它们在大军最前方自由行走。说来奇怪,这些老马都毫不犹豫地认准一个方向行进,大军就紧跟着它们,最终走出山谷,找到了回齐国的大路。这是一个非常有名的故事,为后人留下了一句成语——老马识途,意思是说,老马认识曾经走过的道路,比喻有经验的人对所做的事情比较熟悉。那么,老马真的能识途吗?如果能,它又是怎么做到的呢?

动物的记忆能力与它们的智力发展水平密切相关。

马的智商并不高,大约等同于两岁半大的孩子。马拥有惊人的记忆力,要感谢大自然赋予它们的天赋和本能。马有比较发达的嗅觉系统和听觉器官,它们的脸很长,鼻腔很大,嗅觉神经细胞众多,这就构成了比其他动物更为发达的"嗅觉雷达",有了这套"雷达",马就可以轻松地鉴别饲料和水质的好坏,辨别方向,寻找道路。长期生活在草原上的马匹,甚至可以感觉到空气中含有的微量水汽,远在数里之外就可发现水源。另一方面,马还有一对神奇的大耳朵,肌肉发达,转动灵活,内耳中有特殊的"曲折感受器",可以用来辨别运动方向以及周围环境中物体的分布情况,这些秘密武器使马对气味、声音以及路途都拥有超强的记忆力。

曾经有一匹马被送到矿井下拉车整整十年,在此期间从没有上过地面,后来它因年老体弱被送出矿井,它马上直奔离矿井很远的饲养场,十年隔绝一点也没有冲淡老马的记忆,真是令人称奇。

在自然界中,这样的奇迹不断上演,生活在巴西海岸的海龟每年要在海中旅行8个星期,经过2000多千米才能爬上亚森松岛产卵孵化。两个月后，从未出过远门的小龟要按照父母游来的路线，原路游回巴西海岸，一代代海龟都严格遵循同一条老路，在识别路途的能力上，毫无生活经验的小龟丝毫不比老马差，也就是说，年龄并不是它们超强记忆力的决定因素。生物学家认为，动物除了有记忆力之外，还有各种定向绝招，比如候鸟依靠星辰定位，信鸽对地磁有感应，海龟有导航系统，等等。

可悲的是，面对高速发展的现代社会，连识途的老马居然也会迷失方向了。2013年7月13日清晨，浙江义乌稠江街道犁头山村闯进了一位"不速之客"，一匹六七岁大的棕色成年滇马在村子里转来转去，明显是迷路了。村民们一边收留喂养，一边报警寻找失主，这才得知，原来这匹滇马是趁它的主人维修围栏的

时候偷偷跑出来的，没想到在城镇化程度很高的城郊地带，路上来往的汽车很多，它很可能被吓得"找不着北"了。所以，人类的活动会对动物造成不小的影响，为了可爱的动物们，请人类为它们保留足够的生存空间吧！

## 芝麻告诉你

动物中记忆力最好的是克拉克星鸦，每到秋天，每一只克拉克星鸦都要辛辛苦苦地收集2.2万～3.3万粒松籽，并把它们埋藏在5000个不同的地方，但不会马上食用，等到冬天或初春食物稀少的时候，克拉克星鸦才逐个挖开埋藏点，享用这些储藏好的美食。不论时隔多久，它们都不会忘记自己藏"粮"的地方，这样的记忆力非常惊人，试想一下，如果让你把5000个东西藏到不同的地方，过半年时间再去把它们全部找出来，这是不是一个无法完成的任务呢？

现在，我要考考你们：很多动物拥有超常的记忆力，以下描述中只有一个不是真的，你知道是哪一个吗？

A. 黑猩猩对数字的记忆超强，属于一种"相片式记忆"
B. 大象可以认出并且记清楚象群中的每一个亲属
C. 章鱼的记忆不会超过一个星期
D. 即使事隔十年，海狮也能对学过的知识牢记于心

## 吃巧克力能让人快乐，这是真的吗？

你最爱吃什么零食？芝麻我的选择也许和你一样，那就是——巧克力！很多人都特别爱吃巧克力，甚至还有巧克力当主角的电影呢，那就是《查理和巧克力工厂》，片子里的巧克力工厂让所有人大开眼界：巧克力仙境、巧克力瀑布、巧克力河流、糖果做的树木和草地，这些都会让任何一个看到它的孩子无比快乐。我们在生活中也会有这样的经验，不必真的吃下去，好像只是闻一闻巧克力的味道，甚至只是看一看那美丽的深棕色，就能让人获得满足和快乐。巧克力为什么具有这么大的魅力？吃巧克力真的能让人快乐吗？现在就和芝麻我一起来找答案吧！

巧克力是外来词"Chocolate"的译音，制作巧克力的主要原料就是可可豆。可可豆是可可树的种子，可可树四季常青，它的种子营养丰富，功用独特，深受人们喜爱，被称作"绿色的金子"。现在世界各地的热

带地区都栽培有可可树,人们采收可可豆荚,每个豆荚中有 20 ～ 40 颗可可豆,取出以后经过发酵、干燥、烘焙、压碎、调配与研磨、精炼、去酸、回火铸型等步骤,就可以制成可口的巧克力了。不过,你相信吗?最初的巧克力是又苦又辣的,一点儿也不可口。

大约 500 多年前,美洲原住民开始把可可列入食谱。1519 年,一支西班牙探险队进入墨西哥腹地,正当他们筋疲力尽的时候,遇到一群友善的印第安人。印第安人把可可豆碾成粉末,放进水罐里架在火上烧,又加进去一些树汁和胡椒粉,烧好后送给探险队员们,喝过这又苦又辣的饮料之后,队员们很快就恢复了体力。1528 年,探险队长科尔特斯回到西班牙,也把当年喝到的"神仙饮料"带回国，并进行重新调配，用蜂蜜代替树汁和胡椒粉后献给国王，大受欢迎。从此，可可饮料正式亮相，并备受青睐，经营可可饮料也成为一个很有钱赚的行业。西班牙一位名叫拉思科的食品商通过反复试验，采用浓缩、烘干、加蜂蜜调制的办法，又制成了固体的可可饮料。因为可可饮料源于墨西哥的巧克拉托鲁，因此，拉思科把他的新发明命名为"巧克力特"，这就是巧克力的来历。

　　那么，巧克力的独特魅力到底来自哪里？上百年来，科学家们对巧克力中含有的300多种化学物质进行逐一分析和实验，发现巧克力绝不仅仅是零食那么简单，对人体来说，富含多酚、单宁、类黄酮物质的巧克力绝对可以称得上是一种珍贵的药物。可可豆中富含多酚，能够阻止脂肪性物质在人体动脉中氧化或积聚，保持人体血管血液畅通，预防心脏病。营养学家已证明在水果、蔬菜、红酒及茶叶等植物性食品中都含有天然的抗氧化多酚复合物，其中草莓堪称水果中抗氧化物含量之王，

然而，巧克力的抗氧化物含量比草莓还高出八倍。有研究人员认为，巧克力真的能给人带来好心情，这是因为巧克力中的苯乙胺可以帮助调节人的情绪，镁元素具有安神和抗忧郁的作用。所以，只要科学合理地食用巧克力，真的会让我们的生活更加快乐！

## 芝麻告诉你

西班牙人发明了可可饮料，也发明了巧克力，但是他们一直对配制方法严格保密，实施垄断。1763年，一个英国商人窃取了巧克力的制作秘方，并根据本国人的口味，在配制原料中增加了牛奶、奶酪，制作出了"奶油巧克力"。当时，巧克力的味道虽说还不错，但是在制作工艺上仍然存在一个很难解决的问题，那就是可可粉中含有的油脂使它不易与水、牛奶融合成一体而影响口味。1829年，荷兰科学家豪威发明了可可豆脱脂技术，从此，巧克力的色、香、味更加完美，成为深受全世界欢迎的食品。

现在，我要考考你们：巧克力中含有很多对人体有益的物质，你知道巧克力对我们人体还有哪些好处吗？（多选）

A. 可以增强免疫力
B. 有利于牙齿健康，常吃可以预防龋齿
C. 可以增强空间感
D. 可以降低血液中的胆固醇水平

## 海牛也是吃草的，这是真的吗？

你见过几种牛？黄牛、水牛、奶牛……哈哈，还有蜗牛！等等，蜗牛可不是牛，它可太小了，甚至连哺乳动物都不是，芝麻我也不知道为什么它的名字里带个"牛"字。而接下来我要讲的主角，名字里也有个"牛"字，它不但是哺乳动物，还是个大家伙，更重要的是，这种"牛"生活在海里，它就是——海牛！

海牛是一种水栖的哺乳动物，既可以在海里生活，也可以在淡水里生活。牛吃草，那海牛也吃水草吗？芝麻我给你们讲一个故事，你们就会明白了。

非洲有一种叫水生风信子的水草，曾在刚果河上游

的1600千米的河道蔓延生长，造成河道严重堵塞，连小船也无法通行。当地居民由于粮食运不进去，忍受不了饥饿，被迫背井离乡。扎伊尔政府为解决这一社会危机，花巨资沿河撒除草剂，虽然当时很有效果，但仅隔两周，这种水草又加倍生长出来。后来经高人指点，扎伊尔政府在河道里放入几头海牛，你猜怎么着？水草被海牛吃得一干二净，困扰当地政府很久、令人头疼的水草堵塞河道问题迎刃而解了。

海牛是海洋和淡水中的草食哺乳动物。海牛的食量很大，肠子长达30米，每天能吃进并且消化掉相当于体重5%～10%的水草。它们吃草像卷地毯一般，一片一片地吃过去，享有"水中除草机"之称。在水草成灾的热带和亚热带的某些地区，用海牛消灭水草是很有效的。

目前现存的海牛仅有西印度海牛、西非海牛和亚马孙海牛3种。

西印度海牛，包括佛罗里达海牛和安地列斯海牛两个亚种。主要分布于加勒比海与南美洲东北部海岸，其中佛罗里达是唯一的一片处于亚热带的区域，此地大约生活着5000只海牛。由于海牛无法在15℃以下的环境中生活，因此很多海牛在冬季时会迁徙到相对温暖的海域。

西非海牛，主要栖息于非洲西部海岸附近的浅湾、河流及乍得湖和喀麦隆湖中，经常出现在河口三角洲与近海多水生植物的浅海平静水域。与西印度海牛相似，它们也会逆流游至大河的上游。

亚马孙海牛，仅生存于亚马孙河及其支流流域，从未看见它们出现在海水之中。

你看，海牛也属于珍稀物种了，再不保护就要灭绝了。

## 芝麻告诉你

据考证，海牛原本是生活在陆地上的，而且还是大象的远亲呢，它那庞大的身躯和厚厚的皮肤（3～4厘米）色泽也酷似大象。在几千万年前，由于大自然的变迁或其自身无法适应陆地生活，海牛的一些种群离开了陆地，被迫下海谋生。虽然进入了海洋，但它们依旧保持着食草的习性。海牛已有两千五百万年的海洋生存史，是珍稀海洋哺乳动物，很多国家都把海牛列入了濒危动物名单，人类的捕杀和水质污染是海牛濒临灭绝的根本原因。

---

现在，我要考考你们：海牛是以吃水草为生的，你知道成年海牛一天大约能吃多少千克水草吗？

A. 20 千克　　B. 40 千克　　C. 80 千克　　D. 110 千克

## 有比老鼠还小的猴子，这是真的吗？

老鼠破坏东西，并能传播鼠疫，是人人喊打的坏家伙。芝麻我小时候曾捉过老鼠，这个小东西，凭借其短小的身材，灵活的身手，左躲右藏，真是令芝麻我难为死了。最后追着追着它竟然还爬到树上去了，真是让人无可奈何。当时我就想，要是猴子比老鼠还小，是不是比老鼠还灵活呢？比老鼠还小？真有这样的猴子吗？

很多同学认为会爬树的猴子就像大家所看到的那样，身形和老鼠相比都是很庞大的。可是在猴子这个种族中，还真有比老鼠还小的猴子，它的名字叫作狨猴。因为它小得可以和人类的拇指媲美了，所以大家还叫它拇指猴。

狨猴这个小东西主要生活在南美洲亚马孙河流域的森林中，可以说是世界上最小的猴子。新生出来的小狨猴只有蚕豆般大小。哇！算一算比新生的老鼠还要小得多。即使是成年的猴子，其身高也不会超过12厘米，体重也只有100克左右。这么小的狨猴站在你面前，你会不会被萌翻呢？这种小猴子性格活泼可爱，而且十分温顺，所以当地的很多印第安人都把狨猴当宠物养在家里。看到这里芝麻我可是羡慕死了。狨猴在食物方面并不讲究,几乎什么都吃,属于杂食性动物,无论是昆虫、鸟蛋、水果甚至树的汁液,只要它们喜欢的全都尽入腹中。当然了,它们最喜欢的食物之一是虱子。而且由于它们体态轻盈,能够轻松到达树枝的顶端,可以说是真正的爬树高手。芝麻我真想有机会给它和老鼠举办一次爬树比赛,看看这两种大小相当的家伙谁更厉害。

狨猴的体态多种多样,因为这个种群多达35种。有的狨猴头上长着两撮白色的绒毛,像是两把斜插的刷子;有的狨猴长得像是一个缩小版的齐天大圣孙悟空,那乌溜溜的大眼睛能瞬间"秒杀"你的神经。

狨猴如此可爱,但是它们现在的处境却岌岌可危,人类的活动和自然灾害对它们是最大的威胁。人类的活动已经蔓延到亚马孙河流域的森林边缘,这使得绒猴的栖息地也在逐渐缩小。随着国际市场的打开,狨猴从印

第安人的宠物成为了世界各地狨猴爱好者的座上宾，殊不知这种宠爱对于狨猴种群来讲却是灭顶之灾。可爱幼小的外形、温顺活泼的性格、易于驯养的习性，更加使得它们成为了捕猎者们捕捉的对象。如果我们人类不加大对狨猴的保护力度，这种可怜的小家伙真可能有一天像恐龙一样，在这个世界上完全消失，单是想想就让我不禁为它们难过。

恐龙的消失是大自然的选择，而如今很多珍稀动物的灭绝，往往是我们人类所为。芝麻我在这里呼吁大家携起手来，保护这些濒临灭绝的动物，努力为它们，也为我们自己打造更美好的家园。

## 芝麻告诉你

在众多的狨猴种类中，有一种狨猴与众不同，在它们的下颌上长着两撇长长的上翘的白色胡子。这种狨猴的样子看上去滑稽可爱，憨态可掬，但是它们却有一个响亮的名字——皇狨猴。

---

现在，我要考考你们：你知道皇狨猴名字是怎么来的吗？

A. 皇狨猴非常厉害，是绒猴中的王者
B. 皇狨猴的绒毛是黄色的
C. 皇狨猴的胡子像德国的威廉二世皇帝
D. 皇狨猴曾经是皇帝的宠物

# 所有会叫的蝉都是雄蝉，这是真的吗？

夏天，走在林荫路上特别凉快，更舒服的是，还有免费音乐会可以听，什么，你说芝麻我骗人？当然没有，你不觉得知了的叫声很好听吗？阳光绿树配蝉鸣，简直就是吟诗作画的意境嘛！但对于我们科学爱好者来说，当然也要提一些有意思的问题啦，这个问题就是：所有会叫的蝉都是雄蝉，这是真的吗？

芝麻我要告诉你，这是真的哦！

蝉这种昆虫，就是我们常说的"知了"。一到夏天来临，它们就会趴在树上"知了，知了，知了"地叫个没完，声音响亮，能传出很远。那为什么会叫的蝉都是雄蝉呢？因为雄蝉的腹部有一个发声器，能连续不断地发出响亮的声音；而雌蝉虽然在腹部也有发声器，但不能发出声音。雄蝉的发声器非常发达，能发出令人烦躁的高音。中、小型蝉的鸣叫声一般可达80～90分贝，大型蝉的鸣叫声可高达100～130分贝。

小小的蝉为什么能发出这么

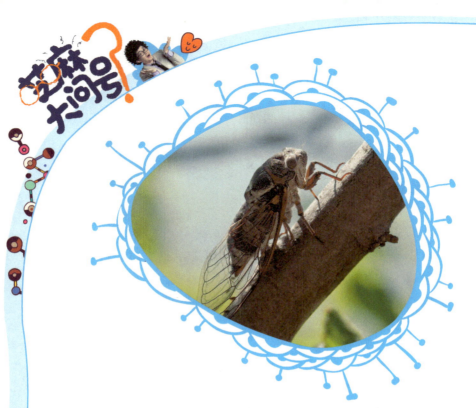

大的声音呢？芝麻我顶着烈日爬上大树，费了好大力气才抓到几只蝉，拿到实验室研究。解剖后我发现，原来在蝉翼后的空腔里长有像钹一样的器官。不仅如此，它们的胸部还长着一种类似响板的器官，可以增强声音的强度。由于这些有助于发声的器官占据了较大的空间，使得其他生命器官都无处安置，只好把它们挤压到了很小的角落里。看来蝉为了满足对音乐的嗜好真是做出了相当大的牺牲啊。

蝉为什么喜欢激昂高歌，扯着"嗓门"大喊大叫呢？是不是因为它们根本听不见自己的"大嗓门"呢？为了验证雄蝉究竟能不能听见声音这个问题，一百多年前，著名昆虫学家法布尔曾经进行了专门实验。

他站在雄蝉的背后,在距离很近的地方大声讲话,使劲吹哨子、拍巴掌,用石头撞击石头……利用种种响声来吓唬蝉。可是蝉仍然满不在乎地继续唱歌,真是两耳不闻身后事,一心只唱知了歌。后来,法布尔索性找来两支打野兽的火枪,里面装满火药,在蝉的旁边连连发射,声如霹雳,可是"歌手们"照样悠闲自得地唱着,连一点害怕和不安的表现也没有。于是法布尔得出的结论是:雄蝉是没有听觉的,它听不见周围发出的任何声音,甚至连自己声嘶力竭的鸣叫也完全听不到,它是个地道的"聋子"。但是,法布尔的这个结论受到了许多现代昆虫学家的质疑。

## 芝麻告诉你

100多年前,人们一直认为雄蝉是能听到声音的,并给雄蝉冠以"音乐大师"的美称。直到今天,世界上的竖琴都用蝉来装饰并作为标志。

---

现在,我要考考你们:大型蝉的鸣叫声可高达多少分贝?

A. 90 ~ 100　B. 100 ~ 130　C. 110 ~ 120　D. 130 ~ 150

## 汽车会自动驾驶，这是真的吗？

芝麻我虽然喜欢开车，但是有时候也会由于开车时间过长而感到疲倦。这时候我常常想，如果有这么一种汽车，当我感到疲倦的时候只要按一个按钮，它就可以自动驾驶并带我到想要去的地方，那该多爽啊！可是我立刻有了一个疑问，会自动驾驶的汽车真的存在吗？

千真万确！在2014年的日内瓦国际车展上，就出现了新一代的自动驾驶汽车。虽然它还只是一辆概念车，但是它的设计理念却超出了芝麻我的想象。看来我的梦想要实现啦！

自动驾驶汽车又被称为无人驾驶汽车、电脑驾驶汽车，或者轮式移动机器人。最后这个名称可真洋气，它是一种通过电脑操作系统代替驾驶员来实现无人驾驶的智能汽车。说到自动驾驶汽车的工作原理，首先得了解一下汽车自动驾驶设备。这套设备应该包括视频摄像头、雷达传感器以及激光测距器，通过卫星和汽车数据中心详尽地了解周围的交通状况并绘制出实时路况地图，自动驾驶汽车可以通过计算机汇集有关周围地形的大量信息并为汽车导航。其实，从这点来看，自动驾驶汽车就相当于汽车数据中心的一个大玩具遥控汽车,或者叫作智能汽车更合适吧!

在2014年日内瓦国际车展上,这款由瑞士汽车工程师推出的自动驾驶概念车可以说在舒适度上达到了新的高度。当自动驾驶模式被开启时,方向盘会向前排的中间移动,为停止工作的驾驶员留出更大的空间;而可以旋转180°的前排座椅能够让驾驶员和前排乘客背向车头,从而获得更大、更舒适的空间。如果你累了,可以把座椅放平好好睡一觉,当然,后面的32英寸显示器也可以为你播放一部大片,让你好好放松。对于这样一款提供了20种座椅调节方式的汽车,芝麻我都不知道该怎么舒服好了。

当然了,除了舒适度,高度信息化才是自动驾驶汽车的核心。车内的四块液晶屏让你如同身处陆地上的星际飞船,不用动手它就会为你提供从路况、导航到娱乐的一切服务。快速链接的高速数据传输和专门定制的通信终端让汽车和数据中心保持无缝对接和信息畅通。这样高端、大气、上档次的纯电动自动驾驶汽车,难道不是你梦寐以求的吗?

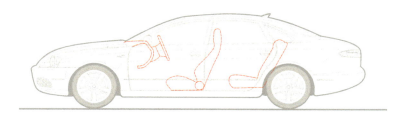

不过，这款概念车主打的是未来的家用汽车市场，也就是说在短期内它是不会上市销售的。这岂不是让芝麻我望眼欲穿吗？好在现在的科技发展一日千里，说不定哪天我睡醒一觉，满大街都是这种既环保节能又时尚舒适的自动驾驶汽车啦！

## 芝麻告诉你

要想让汽车能够自动驾驶，是需要很多先进设备的，比如激光雷达、前置摄像头、传感器、主控电脑等。其中，激光雷达能对半径60米的周围环境进行扫描，并将结果以3D地图的方式呈现出来，给予计算机最初步的判断依据；前置摄像头用于识别交通信号灯，并在车载电脑的辅助下辨别移动的物体，比如前方车辆、自行车或行人；传感器则是通过测定汽车的横向移动，来帮助电脑给汽车定位，确定它在马路上的正确位置；无人驾驶汽车上分别安装了数个雷达传感器，用于测量汽车与前后左右各个物体间的距离；自动驾驶汽车最重要的部件是主控电脑，除了用于运算的电脑外，还有测距信息综合器，这套核心装备将负责汽车的行驶路线、方式的判断和执行。

现在，我要考考你们：自动驾驶汽车的装备中，哪项最重要？

A. 都重要　B. 主控电脑　C. 激光雷达　D. 传感器

# 鲸会集体自杀，这是真的吗？

芝麻侦探社经常接到一些稀奇古怪的案件，芝麻我都要依靠各种科学知识来协助破案。最近，我就接到了一宗神奇的报案——自杀！一般发生这样的案件，都是因为当事者有很大的生活或工作压力，可是，这次的案情很不一样，当事者既没有工作压力，也没有学习压力，因为，当事者不是人！等等，自杀的究竟是谁？答案就是——鲸。

鲸是世界上最大的海洋生物，它们是终生生活在水中的哺乳动物，对水的依赖程度很高，一旦离开了水便会死亡。按理说，所有的生物都是趋利避害的，为了生存而与恶劣的自然环境、气候及天敌斗争着，不应该有"自杀"这样的行为，可是，鲸类偏偏与众不同，这个案件就发生在澳大利亚。

据当地的野生动植物管理人员介绍，在24小时内，有近140头巨头鲸先后在澳大利亚塔斯马尼亚岛海滩集体搁浅。先是60头巨头鲸冲向沙滩，几小时后，又有80头巨头鲸在同一地点搁浅。由于鲸搁浅的地点很难抵达，救援人员只能将其中的几头鲸送回了大海。

除了澳大利亚以外，世界上很多国家也都发生过鲸类"自杀"的事件。2005年3月份，人们发现一头身长8米多、体重达4000千克的鲸在广东吴川市大山江街道

良美村附近的海岸上搁浅死亡；2008年3月份，一头2000多千克重的鲸在海南三亚市搁浅死亡。

看着这些触目惊心的场景，人们不禁要问海洋生物学家，到底是什么原因导致了鲸类的集体自杀？相关专家对此的解释有很多种，总结起来有以下几个方面。

有一些专家认为，鲸类自杀是由于地形原因导致的。因为这些死亡事件多发生在坡度平缓的海岸，当鲸向这里发射超声波信号时，它的回声信号会失真，使其根本探测不出深水的位置，从而会导致鲸迷失方向，于是鲸就向着它们想象中的深海（其实却是浅滩）行进，最终因搁浅而死亡。

另一些专家认为鲸类自杀是由于失常导致的，这种失常是指鲸类受到了意外的刺激，为了躲避这种刺激或者骚扰而登陆搁浅的。

还有一些科学家认为鲸喜欢群居，那么群居的鲸中会有一个成员充当领导角色，整个群体的鲸都会跟随这个领导角色一起游泳、一起觅食、一起进行各种生存必需的活动,所以当扮演领导角色的鲸因病或者遇害而上岸搁浅时,整群鲸也会随之同归于尽。

其他诸如返祖论、病因论等观点也获得了一些专家的支持,但无论是哪种观点,都是对鲸类集体自杀的猜测而不是最终定论。关于鲸类自杀的真正原因还需要进行更深层次的研究。

不过,无论鲸类自杀的原因是什么,人类对海洋环境的破坏都是不可否认的,我们应该更加重视保护环境,减少污染,从我做起,从小事做起,为我们生活的地球做出自己的贡献。

## 芝麻告诉你

鲸可以分为两大类:一类是口中没有牙齿只有须的,叫作须鲸;另一类是口中无须而一直保留牙齿的,叫作齿鲸。须鲸的种类虽少但它们身体巨大,成为人类最主要的捕捉对象,比如体型最大的蓝鲸,或者会唱歌的座头鲸等。

现在,我要考考你们:除了上面提到的蓝鲸和座头鲸,以下哪一种鲸属于须鲸?

A. 虎鲸　　B. 灰鲸　　C. 中华白海豚　　D. 白鲸

# 动物的新鲜事

小青蛙为什么叫声那么大?

牛和马为什么喜欢甩尾巴?

壁虎为什么不会从墙上掉下来?

## 小青蛙为什么叫声那么大？

2006年，芝麻我在拍摄科普剧《疯狂的礼物》的时候，结识了一个小朋友——中华雨蛙，它体型非常小，比普通的橡皮大不了多少，非常漂亮，也特别能吃。但是，我好像真没听见过它鸣叫，特想知道它的叫声是什么样的，所以，我就开始了对青蛙叫声的探索……

你知道青蛙的叫声是什么样的吗？"呱呱呱"，答对了一小部分而已。青蛙的叫声多种多样，树蛙的大嗓门就像狗叫，木匠蛙之所以得名是因为它发出的声音听上去像是两位木匠在同时钉钉子。有些蛙类可以发出像牛、松鼠和蟋蟀一样的叫声，有的蛙类的叫声却像是在模仿人类的打鼾声、哮喘声、咆哮声……

世界上已知的青蛙有4300种，每种蛙都有自己独特的叫声。人们之所以一提到蛙叫就会想到"呱呱呱"，可能是因为从小观看的动画片里面，青蛙都是这样叫的。而在好莱坞近几十年描写沼泽地和丛林的电影中，为了渲染气氛，配音中都加入了同一种蛙的叫声，这种听上去

"呱呱呱"的叫声是太平洋树蛙（也叫雨蛙）发出的，所以在西方孩子的脑海里，提到青蛙的叫声，自然就会联想到雨蛙的声音了。

有趣的是，世界上最大的青蛙根本不会叫，非洲巨蛙的腿完全伸展开有1米长，而这个蛙界的"巨人"居然是个哑巴。和它形成鲜明对比的是，2007年科学家在印度发现了一种奇特的微型青蛙，成年雄蛙的身长不超过10毫米，幼蛙就更小了，据专家考证，这可能是迄今为止发现的体型最小的陆地脊椎动物。你可别小看了这些"小不点儿"，在雨季的求偶期中，这种微型蛙会像其他青蛙一样喧叫不止，而且其叫声大得惊人。世界上叫得最响的青蛙是波多黎各的"大嗓门青蛙"。雄性"大嗓门青蛙"聚居在密林中，经常比赛似的看谁叫得最响亮。从90厘米以外测算，它们的叫声甚至能达到100分贝，噪声强度与一个工作中的风钻或者打桩机基本相当，已经接近人类耐受噪声的极限了。

那么，小小的青蛙，为什么叫声那么大呢？

绝大多数情况下，雌性青蛙是保持沉默的。雄蛙发出各种噪声的目的很简单，就是希望能够吸引雌蛙的注意，寻求满意的配偶。蛙类的发音器官是声带，位于喉门软骨上方。有些雄蛙的口角两边还有能鼓起来振动的外声囊，通过这些声囊产生共鸣，能够使蛙的歌声更加雄伟、洪亮。

蛙类鸣叫的方式也很独特，雄蛙在发音之前会深吸一口气到肺部，同时鼓起肚子，然后挤压肚子把肺部的气体挤到咽喉，使声带产生振动发出声音，到这里气体还没发挥完它的作用，声带发出的声音连同气体一起被送往位于喉部下方或侧面的外声囊，气体把外声囊撑大成为声音的共鸣腔，并把声音扩散出去，这样，我们就能听到青蛙的大叫声了。

那么，这么小的身体里发出这么大的声音，青蛙的耳膜会不会被震破呢？科学家研究发现，蛙类是用自己的肺去听声音的，通过肺吸收自己声音的振动，平衡耳膜表面内外的压力，以此来保护脆弱的内耳。

对了，说到青蛙，你也许会想到和它长相差不多的癞蛤蟆，也就是蟾蜍，那么，蟾蜍的叫声又是什么样的呢？赶快找个周末去郊外，傍晚时分在池塘边等待一下，说不定你就会听到哦。

## 芝麻告诉你

蛙类的叫声并非各自乱唱，而是遵循一定规律的，合唱声音洪亮，传播距离远，包含信息多，也比独唱更受欢迎，能吸引更多雌蛙前来欣赏，所以蛙类经常采用合唱形式，于是，我们就听到了森林或池塘中此起彼伏的青蛙喧闹声。不过，对于雌蛙来说，这些喧闹声一点儿也不会让它们头昏脑涨，因为它们像广播电台一样，只接收自己同类雄蛙发出的那个频段的声音信息。

现在，我要考考你们：雄蛙会根据不同场合发出不同的叫声，其中有一种"叽"的叫声，大家知道是以下哪种场合发出的吗？

A. 警告，不要接近我的领地　　B. 打架，驱逐其他雄蛙
C. 求救，被天敌抓住时　　　　D. 求偶，吸引雌性

## 藏獒和京巴都是狗，为什么相差那么大？

每个人都有属相，芝麻我的属相就是——狗，就因为这个，我从小就对狗很感兴趣，后来也拍过不少和狗有关的节目，甚至，我还去拍过缉毒犬呢！说到狗，你的第一感觉是什么呢？

芝麻我相信，至少大家都会同意这一点，狗是人类的好朋友，各种各样的宠物犬和工作犬丰富了我们的生活，给人类提供了帮助。中国有四大名犬，其中藏獒、袖狗和拉萨犬都来自西藏，另外一种就是大名鼎鼎的北京犬，俗称京巴。

京巴这个品种起源于中国东北，有很长的饲养历史，古代主要供皇宫贵族玩赏，一般平民百姓不准饲养，古代贵族们叫它哈巴狗。1860年，攻进北京的英法联军抢走4只京巴献给英国维多利亚女皇，从此，憨态可掬的京巴就迷倒了西方的爱犬人士。别看它长得一副乖巧模样，其实京巴是很有个性的狗，没有耐心，脾气暴躁，有时不愿意服从主人，对待同类也很凶，爱打架，甚至敢跟藏獒叫板。

藏獒这个名字这两年常常和负面新闻联系在一起，这家伙魁梧凶猛，制造了若干起袭击、伤害事件，恶名远扬，让人闻声丧胆。其实，藏獒原本就不适合在居民区饲养，它的天性也不适合做宠物。藏獒，又名藏狗、蕃狗、羌狗，本是青藏高原的一种大型古鬣犬，经过漫长的驯养演变至今。因为长期生活在海拔三四千米以上的高寒地带，藏獒养成了凶猛剽悍的性格，连狼都怕它三分，是看家护院、牧马放羊的得力助手。同时，藏獒也是世界上最大的狗，一条成年雄犬身高可达 130 厘米，体重能够超过 100 千克，远远望去就像一头雄狮。

京巴和藏獒，同为中国名犬，它们之间的差别为什么那么大呢？没错，尽管这两种血统的成年狗看上去一强一弱，一大一小，外表迥异，但是你相信吗？它们的胚胎在头两个月里却是一样的，这是因为它们来自共同的祖先——狼。

史前时代，狼群生活在森林中，靠捕食其他动物为生，连老虎、狮子等猛兽也不会与狼群发生正面冲突。大约在距今 1 万～5 万年前，人类的远祖就开始尝试把危险的野狼驯养成人类最好的朋友，双方开始建立一种相互依存的关系。在长期驯养杂交的过程中，狗的种类

也在不断丰富,你注意过生活中那些大大小小外形不一的狗到底有多少种吗?最近的基因研究结果显示,现存的狗足足有450种左右!

  在正常情况下,自然界中的物种变异也经常发生,只是由于自然选择的原因,变异的个体因为难以延续后代而被淘汰,留下的都是变异不大、比较稳定的种群,所以,我们可以看到,狼的种类变化很小。而狗之所以出现那么多品种,完全是人为选择的结果,人类出于猎奇心态甚至会故意保留基因有缺陷的种类,并进行反复杂交,制造出越来越多的变种,于是,一些并不适应自然环境的个体只是因为外形能满足人类的审美需求,就在人的庇护下存留并繁衍下来。藏獒和京巴之间的差别,看上去是不同地域养育出了不同的狗种,其实还是要归结于人类对狗家族的基因控制和干预,也就是说,狗的品种差距是人为因素造成的,狗在随着人类进化,也在随着时代退化,命运都掌握在人类手中。

## 芝麻告诉你

现代犬科动物的生活方式和解剖结构与它们4000万年前的祖先仍有许多相似之处,这说明它们保留了很多原始的东西。不过,它们同时也是适应性非常强的群体,能够充分利用新的环境,抓住每一个猎食机会。野生犬科动物几乎遍布世界各地,其中有些是独来独往的,比如各种狐;有些则是群居的,比如各种狼和豺,它们通常集群捕猎。

现在,我要考考你们:大家知道以下哪种野生犬类是利用耳朵散热的呢?

A. 郊狼　　B. 狐狸　　C. 澳大利亚野狗　　D. 非洲耳廓狐

## 牛和马为什么喜欢甩尾巴？

去动物园的时候，你一定喜欢看平时不大容易看到的动物，比如熊猫、企鹅什么的，因为我们对它们的习性不太了解，会感到很好奇。那我们熟悉的动物你就很了解吗？接下来芝麻我就要问一个这方面的问题了：不知道你注意没有，不管是牛还是马，都喜欢不停地轻轻甩动尾巴，这个动作就像呼吸一样，时刻伴随着它们。那么，牛和马为什么都那么喜欢甩尾巴呢？

如果你在保证安全的前提下，绕到牛和马的身后，仔细观察一下它们的尾巴，就会发现，在那里还飞舞着一些微小的生物，每一次尾巴的甩动，都是在给这些不受欢迎的访客下驱逐令。没错，牛和马经常甩动自己的尾巴，昼夜不停左右晃动，是为了驱赶那些追在它们屁股后面不停叮咬、吸血的牛虻和蚊蝇。

一般来说，家畜屁股那里的皮比较薄，也没有可以用来防护的毛发，是小虫子们最喜欢选择发起攻击的地方，也是牛和马最需要重点防护的薄弱地带。一条强劲有力的尾巴，就像人手中握着的苍蝇拍一样，必不可少。

曾经有个小朋友跟芝麻我说，牛尾巴细细长长的，像根麻绳吊在屁股后面，又难看又没用，完全是牛身上的一个累赘嘛！我问他：那你觉得牛身上什么部位最好看、最有用呢？他的回答是牛角，因为牛角长在牛头上，又坚硬又漂亮，可以用来防身，所以是牛身上的一件宝贝。我们来设想一下，如果有牛虻前来侵袭牛屁股，一头没有尾巴的牛要怎样保护自己呢？难道能转过头，用牛角去攻击牛虻吗？

很明显，用牛角驱赶牛虻是不现实的，一来是大材小用，二来牛头也根本够不到自己的屁股。这个时候，牛尾巴就要出场了，它只需轻轻摆动一下，就能把牛虻拂落在地。虽然牛角能使强大的敌人望而生畏，但对付小小牛虻却力不从心，还是得仰仗貌不惊人的牛尾巴，这就说明一个道理：不要小瞧任何不起眼的小东西，正所谓尺有所短，寸有所长。

说完了牛尾巴，我们再来看看马尾巴。除了驱赶蚊蝇保证马匹安静采食和休息之外，马尾巴还有更多的作用：马善于奔跑，在它奔跑的时候尾巴高高扬起，用来保持马匹的重心平衡，有助于调整前进方向，所以马尾巴又是重要的平衡器官，类似于船和飞机的尾舵；有些马匹生活在环境恶劣、气候寒冷的牧区，它们的尾巴能长到约一米长，尾毛特别浓密，用来在低温环境中保护后肢和屁股，防寒保暖；当人们提举马尾时，尾巴的抵抗力叫作尾力，一般来说，身体敏捷、身强体壮的马，其平均尾力能达到12.2千克，所以，通过马尾巴还可以直观地了解马的体力和健康状况……

世界上大约生活着150余万种动物,其中一大部分动物的身上都长着一条尾巴,这些尾巴形状各异,用途广泛,是动物的"第五只手",是它们飞行时的舵、突袭时的武器、传递信息的工具以及可以随身携带的凳子、仓库和报警器……我们马上行动起来,去观察一下身边的动物,试着去揭开尾巴的奥秘吧!

## 芝麻告诉你

狐猴把尾巴打造成了随身携带的大仓库。在食物丰富的雨季,狐猴就在尾巴里储存起大量营养品,到了食品缺乏的旱季,狐猴就靠消耗尾巴里储备的营养来渡过难关。具备同样本领的还有鸭嘴兽,它的尾巴毛茸茸的,又粗又壮,里面积蓄着很多脂肪。当冬季来临的时候,这条肥美的粗尾巴除了能帮助它御寒以外,还可以提供必需的营养。

---

现在,要考考你们啦,美洲松鼠在合力对付蛇的时候,会用尾巴的摆动状态来表示威胁它们生存的蛇的种类、大小、距离和运动方向,甚至通过尾巴来发出信号,大家知道以下哪个说法是错误的吗?

A. 挥一下,表示停止进攻　　B. 挥两下,表示继续进攻
C. 挥三下,表示总攻开始　　D. 挥三下,表示全体逃跑

## "臭大姐"为什么那么臭?

"大姐,拜托您离我远点,我嫌您臭……"哈哈,别误会,芝麻我怎么会这么没礼貌呢?我说的"臭大姐"其实并不是一位大姐,而是我们对一种昆虫常用的俗称,说的是一种叫"椿象"的昆虫。

虽然听着好像比较陌生,但椿象其实是一类比较常见的昆虫的通称,它们都属于半翅目,大约有好几万种呢。哈哈,没有吓到你吧?它们绝大部分是吃植物的,嘴巴像是一根"吸管",生物学上叫作"刺吸式口器",用来吸取植物的汁液,对农作物有危害,属于害虫。也有一小部分椿象是肉食性的,会捕食其他小昆虫,属于益虫。不管是植食性还是肉食性的椿象,都有一个共同的本领,那就是"放屁"!放屁也能算本领?当然了,臭大姐放屁当然是放出臭气,就像是人放了一个臭屁一样,因此才得到"臭大姐"的称号。当然,它们只是在感到危险来临的时候才会这么做,平时没事儿的时候,它们才不会这么讨人嫌呢。

放臭屁是椿象用来自卫的本领,当

它感到危险时,就会放出臭气,把敌人熏跑,自己则趁机逃之夭夭。椿象的这一本领真的是非常有效的。曾经有一只"臭大姐"钻进了我的卧室,我一怒之下就开始追打它,于是我就惨了,逃跑过程中的"臭大姐"放出的臭气久久不散,最后伴随我进入梦乡,让我做的梦都是臭臭的。从那次以后,我再遇到这种情况的时候,再也不敢打它了,只能恭恭敬敬、小心翼翼地把它"请"出去。

科学家对"臭大姐"进行了研究,证明它放出的臭气真的是很臭的,绝对可以给冒失触犯的敌人留下很深刻的印象,相当于一种无形的"武器"。那么,"臭大姐"放出的臭气为什么会那么臭呢?

椿象身上有一种特殊的臭腺,在它们的胸部肚皮靠近腿根部的地方。当受到攻击时,"臭大姐"就可以从这里释放出大量的毒雾喷向攻击者。为了生产这些"气味炸弹"，"臭大姐"体内的这些腺体，专门用于存储不同的化学物质。当它们觉得环境危险的时候，就会将这些不同的化学物质混合起来，放到体内的"燃烧室"里。"燃烧室"也是椿象身体内的一个器官，它即刻生产出的毒雾就会通过排气孔释放出去，就像人类放屁一样，有时候，毒雾释放的瞬间甚至还伴有声音呢。这还不算最厉害的，非洲某些品种的"臭大姐"身上还有一个喷嘴，就像是狙击步枪的瞄准镜一样，通过这个喷嘴释放出来的毒雾"炸弹"，能够打得更准，攻击力也就更强大了。

大自然是不是很神奇？小小的椿象为了更好地生存，在进化的过程中，它们居然自己在体内发展出了一个"制造化学武器"的工厂！看来，人类要了解大自然所有的秘密，还有很多功课要做。

## 芝麻告诉你

我们常见的会侵入室内的椿象叫黄斑椿象，它们实在是不怎么漂亮。但有一部分椿象的色彩是很艳丽的，虽然"臭"，但仍然是"花大姐"。甚至，有一种椿象拥有鲜艳的色彩和一对褐色的斑。你知道这样的组合让椿象背上的图案更像是什么吗？

A. 风景　　B. 汽车　　C. 万花筒　　D. 人脸

# 壁虎为什么不会从墙上掉下来？

最近有一个问题一直困扰着我，直到查阅了大量的资料后才恍然大悟，原来不仅仅是我一个人在这个问题上纠结。据说从古希腊的亚里士多德开始，人类就一直在寻找一个问题的答案，那就是：壁虎为什么不会从墙上掉下来呢？

这种不起眼的、安静的、害羞的小动物，却掌握着一种了不起的能力——不借助任何黏性物质就可以在完全垂直的墙壁或光滑的玻璃表面以每秒一米的速度向上高速攀爬，"只靠一个指头"就能把整个身体稳稳地悬挂在墙上，甚至无视地心引力倒挂在天花板上爬行，而且绝不会在身后留下黏糊糊的脚印，这些绝技让其他动物望尘莫及，壁虎到底是怎么做到的呢？

早先人们曾经认为壁虎的四个脚掌上有某种"神奇的吸盘"，其实情况并非如此。美国加利福尼亚大学伯克利分校的科学家罗

伯特·福尔等人研究发现,看上去不起眼的壁虎,简直可以称得上是自然界独一无二的"应用物理大师",它们脚底的力量竟然来自宇宙中最基本的物理学原理——分子引力!

分子引力是中性分子彼此距离非常近的时候产生的一种很微弱的电磁引力,当我们把手贴到墙上时也会产生分子引力,但不会被吸住,这是因为可能手掌与墙只有数千个接触点,分子之间离得还是不够近,而壁虎就不同了。通过高倍显微镜来观察壁虎的脚底,可以看到数百万根极细的刚毛,每根刚毛末端又有400~1000根更细的分支突起,这种精细结构使得刚毛与物体分子可以贴得非常近,从而产生分子引力,这样壁虎脚掌与所接触的物体表面就能完美地贴合在一起了。据测算,一根刚毛能够提起一只蚂蚁的重量，而在硬币大小的面积上就有100万根刚毛，可以提起20千克的重量，所以壁虎只用一只脚就可以轻松地将整个身体"挂"在墙上，以四只脚倒挂在天花板上，对它来说当然不费吹灰之力了。

可是，壁虎不是壁画，它需要行走、捕食，当壁虎试图移动脚掌的时候，需要付出比吸附时高出600倍的力量，但是我们都曾亲眼见过它迅猛的动作，常常是一眨眼就消失得无影无踪了，速度十分惊人，它又是怎样控制脚上吸力的呢？这要归功于一个神奇的频率——科学家测算出壁虎的脚趾每秒钟可以松开握紧15次！当我们想从玻璃上揭下胶带纸时，只需要斜着拉开一个角度，就能轻松将它揭下来。壁虎也懂得这个秘诀，它通过扭动脚趾的方式使脚底的刚毛与物体表面的夹角超过30°，原来那种紧密的分子引力就消失了，被吸附的脚趾也就恢复了行动自由，并且可以随意移动到下一个位置，再一次被紧紧吸住。由于这套动作壁虎每秒钟能完成15次，当然是在它还没来得及掉下来的瞬间就已经完成了行走的动作。

最有意思的是，科学家们最近还发现了一个秘密：不管壁虎在多么脏的物体表面行走，当它走了几步之后，脚上的脏物就会自动脱落，也就是说，壁虎会自动清洁脚掌上的刚毛，使它们能够始终保持最佳状态，无论在水下、真空还是零重力环境中，壁虎的脚趾都能正常动作。科学家们被壁虎神奇的脚趾迷住了，开始研发超级附着技术和机器壁虎，利用壁虎攀爬仿生学开发出了功能更强大的黏合剂，也许将来第一个登上火星的就是壁虎机器人呢！

## 芝麻告诉你

科学家们发现，即使在真空环境中，壁虎脚上的黏着力也不会失灵，这说明它不需要分泌任何物质来维持附着力，也不需要借助空气负压"吸"住物品。模仿壁虎的这种脚底结构，有可能研制出黏合力超强的新型胶纸，它具有易于被揭下、不对物体表面造成损伤、可反复使用等优点。有一位英国物理学家就模仿壁虎脚趾的微结构研制出了一种柔韧的胶布，这块1平方厘米大的壁虎胶布上面覆盖了上百万根人工合成的绒毛，它能把一个蜘蛛人玩偶稳稳地悬挂在一块玻璃板上。

---

现在，我要考考你们：根据壁虎脚趾的原理研发的超级附着技术有可能用到生活的方方面面，你认为不包括以下哪一项？

A. 最耐用的不干胶便条　　B. 更安全的轮胎
C. 粘得更牢的"创可贴"　　D. 更美味的调料

# 谁是自然界真正的跳高冠军？

2008年北京奥运会，芝麻我在现场目睹了俄罗斯撑竿跳高天才伊辛巴耶娃跳过5米大关，当时作为观众的我都无比激动，5米啊，差不多是她身高的三倍呢！可比起一种小东西，我们人类所能跳过的高度就实在不值一提了，如果人类能像它们一样，不用跳高冠军，就是弹跳力平平的芝麻我，轻松一跃也能超过300米！而且，不用撑杆！哇！这个神秘的小东西究竟是谁？它就是——跳蚤！

小小的跳蚤居然是自然界的跳高冠军，你想知道为什么吗？来，芝麻我带你看看跳蚤的本领吧！

跳蚤属于寄生性昆虫。它们体型极小，而且没有翅膀，但非常善于跳跃，可以跳过它们身长350倍的高度，是当之无愧的"跳高冠军"。

跳蚤之所以能跳这么远、这么高，完全得益于它们那两条

强壮有力的后足。跳蚤的后足比它们整个身子还要长,而且特别发达。在跳跃前,它们会将肌肉发达的胫节紧靠在腿节上,然后用力收缩强大的胫节提肌,缩得越紧,伸展开来的力量就越大,跳得也就越高。它们的前足和中足也可后蹲,来协调整个身子的跳跃运动,这样,就更增强了跳跃的力量。

跳蚤令人羡慕的弹跳能力引起了科学家们极大的兴趣。军事科学家们想将微型电子处理器植入跳蚤的神经,用以控制其弹跳的速度、方向和时机,把将来可能制成的微型聚变弹装入跳蚤体内,使其成为威力巨大的"自杀性敢死队员"。

仅仅跳得高还不够,试想一下,若是芝麻我能一下子跳起上百米高,落下来的时候肯定会摔断骨头,要是撞上什么障碍物,肯定就更惨啦!难道,跳蚤不会得"脑震荡"或"内脏破裂"吗?显然,跳蚤从来没有这方面的困扰,它们的"骨骼"异乎寻常。它们的外骨架是由柔软无色的几丁质组成的,外面包有一层褐色的膜。即使跳蚤的骨架撞到了什么东西,它们的内脏也不会因此受到损伤。跳蚤的全身分布着许多气管,因而身体各处都能够得到足够的氧气。除此之外,跳蚤心脏的搏动节奏几乎与身体跳跃的频率无关,因此,它们即使连续跳几十次,心跳也不会加快。

跳蚤的外形呈弓形,没有颈部,两侧光滑。它们的脚上有很细的爪,这些爪子可以防止它们走过宿主光滑的皮肤时掉下去。除了跳跃能力惊人,是当之无愧的"跳高冠军"以外,跳蚤还是个"大力士",它们能搬动比自己体重大80倍的物体。

现在看来,这种小小的血吸虫还真是值得科学家们好好研究一下呢。

跳蚤的身体坚硬偏扁,用手指很难把它们捏死。而且跳蚤没有血管,或者说它们的整个身体就像一根血管。跳蚤的体内充满了血液,这是一种含有氨基酸、蛋白质、脂肪和无机盐的营养液,它们的体内器官就浸在这种营养液中。因而,有人把跳蚤说成是"一个跳动的水滴"。

现在,我要考考你们:跳蚤是跳高冠军,你们知道跳蚤跳的高度可达到身长的多少倍吗?

A. 150倍　　B. 200倍　　C. 300倍　　D. 350倍

## 最大的鲸有多大？

鲸鱼，科学的称谓应该叫作——鲸。它们是哺乳动物，因为生活在水里，又长得像鱼，于是被我们俗称为鲸鱼。鲸是地球上现存的体积最大的动物，可是最大的鲸到底有多大呢？

没错，蓝鲸就是最大的鲸，也是目前地球上最大的动物，一头成年蓝鲸的体重是非洲成年公象体重的30倍左右。

蓝鲸是真正的海上巨兽，它们身体的平均长度约为26米，最高纪录为33.5米，平均体重约为150000千克，最重的可达200000千克，其中它们的舌头就有3000~4000千克重，足以装满一辆解放牌大卡车。它们的躯体呈蓝灰色或黄褐色，这是由于它们的皮肤上覆盖着一层黄褐色硅藻膜的缘故，其实，它们身体真正的颜色是黑色。

刚刚芝麻我说过，蓝鲸虽然生活在大海里，但它是哺乳动物，也用肺进行呼吸。蓝鲸的肺重量可达1000多千克，能容纳超过1立方米的空气。这样大的肺容量，使它呼吸的次数可大大减少，每隔10～15分钟才需要露出水面呼吸一次。虽然有人曾见到五六十只蓝鲸成群活动，但它们一般很少结成群体，大多数是孤独地生活在大海里，即使集体行动，也仅有两三只而已。

蓝鲸最喜欢栖息在温暖海水与冰冷海水的交汇处，在南极海域数量最多，不过也有少数蓝鲸曾出现在黄海和我国台湾省周边海域。

通常，蓝鲸迁移的距离很远，夏天它们生活在极地水域，以邻近浮冰边缘的大量磷虾为食；当冬天来临时，它们会迁移到温暖的赤道水域。一头蓝鲸只用47天时间，就可以游到3000千米以外。蓝鲸妈妈的怀孕期是

10～12个月，刚出生的小鲸身长就可达7米左右，体重也能达到2000千克或更重些。

蓝鲸虽然是庞然大物，但是也面临灭绝的危险，因为长期遭到人类的捕杀，蓝鲸的数量已经大大减少了，如今只剩下了2000头左右。由于蓝鲸喜欢单独活动，活动范围又极其广阔，数量寥寥可数的蓝鲸，极不容易遇见配偶繁殖后代，所以我们一定要保护好世界上最大的鲸——蓝鲸。

## 芝麻告诉你

蓝鲸可是吃饭冠军哦！它吃东西时，张开巨口，让海水和浮游动物一起涌入，然后把嘴一闭，将海水从须缝里排出，滤下的小动物，便可吞入肚中。蓝鲸的胃口极大，每餐可吃1000千克磷虾，有的蓝鲸一天居然可吃得下4000～5000千克磷虾。

现在，我要考考你们：蓝鲸是现在地球上最大的动物，由于生活范围广，它们极不容易找到配偶繁殖后代，你知道蓝鲸的孕期大约是多久吗？

A. 10个月　B. 11个月　C. 10～12个月　D. 13个月

## 昆虫是用鼻子呼吸吗？

说到昆虫，可是芝麻我最感兴趣的研究项目，我们在日常生活中也常见到，比如蜜蜂、蚊子、苍蝇等，可是你有没有注意到一件有趣的事情：昆虫不爱游泳！昆虫虽然非常灵活，能跳甚至能飞，但它们当中还真少有游泳健将，即使是生活在水面上的昆虫，也是用足站在水面上跳跃，或者"蜻蜓点水"。这是为什么呢？要想知道答案，我们必须先思考一个问题——昆虫用鼻子呼吸吗？

昆虫是无脊椎动物，属于节肢动物门、昆虫纲，是所有生物中种类及数量最多的一群，也是世界上最繁盛的动物。目前，已发现的昆虫有100多万种。可以说，从天涯到海角，从高山到深渊，从赤道到两极，从海洋到沙漠，从野外到室内，到处都有昆虫的身影。

那昆虫跟人类或者我们常见的小猫、小狗一样，都用鼻子呼吸吗？

不是，昆虫没有鼻子，它们是靠气管呼吸的。昆虫有由气门和气管组成的特殊呼吸系统，在其胸部和腹部的两侧，各有一排整齐排列的圆形孔状气门，昆虫的气门与人的鼻孔相似，在孔口处布有专门用于过滤的毛刷和筛板，就像门栅一样，能有效防止其他物体进入呼吸系统，气门内还有可控制气门关闭的小瓣。昆虫的气门直接与气管相连，在其躯体中还藏着许多微气管，它们能把氧气送到昆虫身体的各个器官。昆虫依靠腹部的一张一缩，就可通过气门、气管进行呼吸。昆虫这套特殊的呼吸系统非常有效，它们不用担心缺氧的事情，反而有可能造成它们过度吸氧，这时它们气门内的小瓣就能大显身手了，关闭气孔就能使昆虫暂时停止呼吸，这样就可以调整躯体中的氧气浓度了。

这套特殊的呼吸系统是昆虫能高度适应陆生环境的

原因之一，蚂蚁、蝗虫、螳螂、蝴蝶、蜜蜂、蚊子、苍蝇等各类陆生昆虫都是以这种方式进行呼吸的。即使是生活在水中的昆虫，也是利用气管进行呼吸的，而且像蜻蜓、蜉蝣等昆虫的幼虫为适应长期在水中生存的需要，还形成了一种新的呼吸器官——气管腮，这样它们就能像鱼一样呼吸溶解在水中的空气了。

正因为昆虫这一特殊的呼吸方式，所以它们少有游泳健将。

## 芝麻告诉你

昆虫的身体分为头、胸、腹三部分，大多数昆虫有两对翅膀和三对足，头上长有一对触角。我们常说的"虫子"不一定是昆虫，比如有8条腿的蜘蛛或者更多腿的蜈蚣，都不是昆虫。

现在，我要考考你们：昆虫是世界上最繁盛的动物，目前已发现了多少种？

A. 70多万　　B. 80多万　　C. 90多万　　D. 100多万

## 鸟类中被称为"东方宝石"的是哪种鸟?

你都知道哪些宝石?什么?问题太简单?红宝石、绿宝石、蓝宝石、钻石、和田玉、翡翠、琥珀、玛瑙、绿松石、青金石……太多了,数也数不过来。那芝麻我再问点有难度的:有没有会飞的宝石?什么?宝石会飞?是神话故事里的宝石吧!当然不是,因为,有一种鸟被称为"东方宝石"。那这种鸟是不是像各种宝石一样华美而又珍贵,才配得上"东方宝石"的称号呢?我们一起来看看"东方宝石"究竟是谁。

它就是当今世界最濒危、最珍贵的鸟类——朱鹮。

朱鹮是一种非常美丽的鸟,在非繁殖期,除了长喙的尖端、裸露的头部和它的脚呈鲜艳的红色外,成鸟全身羽毛以白色为基调,一些部位夹杂着淡淡的粉红色。在朱鹮的繁殖季节,在成鸟的整个头部、颈部乃至肩部会分泌出黑色

的小颗粒,将头、颈、肩部都染成了灰黑色。当朱鹮在天空中翱翔时,在阳光的照射下,其翅下和尾下缀有的粉红色极为明显,宛如镶嵌在青山绿水中的一颗"红宝石"。

朱鹮生性沉静,它们除了起飞时会鸣叫外,一般活动时都不鸣叫。朱鹮性情较孤僻,喜欢单独或成对活动,有时也组成小群体活动,但极少与别的鸟合群。朱鹮行走时的步履迟缓,在空中飞行时两翅的鼓动也较慢,呈现头和颈向前伸直、两脚向后伸但不突出于尾外的姿态。它们白天在水田、沼泽地和山区溪流处活动觅食,以捕食蝗虫、青蛙、小鱼、田螺和泥鳅为主,晚上则栖息于宁静、高大的树上。

朱鹮就是这样一种优雅而娴静的鸟,它深受人们的喜爱。我国古代把朱鹮叫作"吉祥之鸟";朱鹮更是受到日本人民的普遍尊重,历来被日本皇室视为圣鸟。

朱鹮曾经广泛分布在中国、朝鲜、韩国、日本等东亚地区，但目前在中国陕西仅有野生朱鹮大约600只，这也是中国和日本科学家多年共同努力取得的成果。

朱鹮这种美丽的鸟差点就灭绝了。在1964年至1981年的十几年间，人们没有见过朱鹮的踪迹，直到1981年在陕西发现了几只野生朱鹮，人们才庆幸这种珍贵的鸟还生活在地球上，朱鹮也因此成为了我国特有的物种。我们人类再也不能肆意地破坏环境了，不然我们将再也见不到这种美丽的鸟了。

## 芝麻告诉你

为了宣传朱鹮的珍稀性以及呼吁人们保护朱鹮，中国邮政于1984年5月15日发行了T94《朱鹮》邮票，一套三枚，分别命名为"翔"、"涉"、"栖"。邮票画面生动、真实地记录了朱鹮空中飞翔、涉水觅食、雌雄栖息的姿态，给人们带来美的享受。

---

现在，我要考考你们：经过科学家们的不懈努力，朱鹮的数量已经有所增加。你知道，目前世界上大约有多少只朱鹮吗？

A.100只　　B.600只　　C.1000只　　D.5000只

# 毒蛇会被自己的毒液毒死吗？

在野外考察中，芝麻我曾经看到过考察队员被毒蛇咬伤。好在随队医生及时进行了处理并把伤员送往了医院救治。记得那个伤好了的考察队员和我开玩笑说，问你一个问题：毒蛇会被自己的毒液杀死吗？芝麻我当时就傻了。你还别说，这个问题还真是既让人抓狂又让人觉得非常有意思。

一提到毒蛇，大家的脑海里总会浮现出各种可怕的画面。几乎每隔一段时间新闻就会报道有人被毒蛇咬伤致死，电影、电视剧里也经常上演一幕幕惊险刺激的场面，无论最后是有惊无险还是不幸身亡，毒蛇那种吐着信子、露着长牙甚至喷出毒液的模样都是非常可怕的。那么，能轻易威胁他人性命的毒蛇，它

们会不会中了自己的蛇毒而有生命危险呢？答案可能会让你大跌眼镜：也许会哟！

蛇毒和大多数毒素一样，要发作必须具备一个条件——毒素与血液相融。因此，我们可以简单地回答上面的问题：因为99%的蛇毒都要和血液混合后才能发作，所以只要蛇体内的毒素没有与它自己的血液相融，它就可以好好地活着。但是，如果蛇不幸发生了意外，导致毒素和自己的血液融合在一起，那么蛇也会被自己毒死。不过，这种情况是少之又少的，绝大多数蛇都不会死于自己的毒素。

如此可怕的毒素，究竟是如何发挥作用的呢？蛇毒成分复杂，主要有毒成分为神经毒、心脏毒、细胞毒、出血毒等。蛇毒呈半透明状，是黏稠的、微酸性的液体，它发作之后会破坏、溶解血细胞，同时影响中枢神经，令中毒的生物器官衰竭，最终导致死亡。蛇所分泌的毒液主要储存在体内的毒腺中，蛇用牙咬伤对方，而它的毒牙和毒腺是相连的，毒素就这样传递到对方血液里，在和血液融合之后，立即发作。所以，假如人类食用了有毒的蛇，只要自己的胃部没有溃疡或者破损，蛇毒不与血液相融的情况下，就会在胃酸的作用下变成普通的蛋白质被分解掉，自然也不会中毒了。

蛇本身所含有的抗体也可以抵抗自己的蛇毒，这也是蛇和蛇毒可以共存的原因。就好像人们总吃一种药，久而久之就会对这种药出现耐药性，使它失去药效，这就是对药品产生抗体的过程。蛇也一样，如果蛇不幸中了自己的毒，它本身所含有的抗体也会帮助它消解一部分毒素。当然，也有抗体无法应对的情况发生，那时候，本身就很毒的毒蛇，只好悲伤地死于自己的毒素了。

## 芝麻告诉你

蛇毒除了危害人们的生命以外，竟然也是一种可以使用的珍贵药材，它的很多成分都具有很好的药理作用。比如，一种从巴西蛇毒中分解出的物质可以有效抑制内出血；从马来西亚蛇毒中分离出来的一种叫"阿尔文"的成分则可以预防血栓病的发生。相信在不久的将来，蛇毒会给临床医学带来更多惊喜。

现在，我要考考你们：你知道下列蛇类中哪些是毒蛇吗？（多选）

A. 贝尔彻海蛇　　B. 眼镜王蛇　　C. 美洲黑蛇　　D. 猩红蛇

你知道"水中群狼"是什么动物吗?

在陆地上,芝麻我最喜欢的动物之一是狼。它们不仅有高度发达的社会结构,而且还有坚忍不拔的意志和机动灵活的战略战术。在很长一段时间里,狼群占据了大陆食物链的顶端,连猛兽中的老虎和狮子都要让它们三分。

但你们知道吗,据芝麻了解,在水中也有一类群居性动物,它们有着超强的游泳能力和出色的捕猎技术,在水中堪称一霸,又被称作"水中群狼",这种动物就是巨獭。

巨獭生活在南美洲秘鲁、巴西的交界处——亚马孙流域的热带雨林和湿地中,别称大水獭,是鼬科动物(水獭属),它们聪明、好奇,叫声像犬,所以又被俗称为"水狗"。它们生活在水中,是吃肉的哺乳动物,在地球上生活着的13种水獭中,它们的体形最大。站立时,这种巨獭的身高甚至可达2米,即使面对美洲豹等凶猛灵活的食肉类动物,它们也毫不畏惧。

巨獭是捕猎河鱼的高手。它们的脚趾之间长有皮蹼,

像桨一样，非常适合划水，肌肉强劲有力的尾巴就像是控制方向的船舵。这样得天独厚的身体条件让巨獭在水中运动自如，成为名副其实的游泳家。

俗话说狡兔三窟。生活在水中的巨獭生性警觉，通常都有好几处住所，为了保证群体的安全，它们会经常迁居。巨獭的水性娴熟，一方面它们能依靠流线型的身材快速灵活地游泳，另一方面它们身体的特殊构造也功不可没——它们的耳朵和鼻孔里有特殊的小圆瓣。在水中时，利用这些小圆瓣，它们能把鼻孔和耳朵密闭起来，让水一丝一毫都不能进入身体。有了这样的秘密武器，巨獭能够在水下进行超长距离的潜泳。据芝麻我得到的情报，巨獭甚至可以一口气潜游6～8分钟，然后才将鼻孔伸出水面换气。可以想象，这样的水下猎手威力十足，只要被巨獭瞅见的猎物恐怕都难以逃脱。尽管巨獭的一生几乎都是在水里捕食和生活的，但是当它们饿得

发慌的时候，也会离开水到岸边去捕捉老鼠和小鸟，甚至冒险潜入人类的居住地偷吃小鸡和小鸭。

巨獭的聪明之处更在于其群居特性，它们通常会在一起捕食。在捕食中它们互相协作、密切配合，它们采用的战略战术丝毫不亚于陆地上的狼群，也因此获得了"水中群狼"的赞誉。巨獭最神奇的地方还在于能像人类一样使用工具，几乎每只巨獭都会使用未经打磨的水中砾石来敲碎贝类，然后美餐一顿！巨獭的记忆力极佳，从哪里下水就从哪里上岸，然后循着爪痕返回到巢穴之中。

巨獭虽然凶猛，但对待孩子却非常温柔。母獭在哺乳期内，除了外出捕食外，几乎整天陪伴着孩子。幼獭出生两个月后，开始练习游泳，初下水的小巨獭会感到害怕，为了保证自己不沉底，它们总是牢牢抓住妈妈的大尾巴。等到在水中习惯了，它们的胆子也大了，就会顽皮地在水中不断翻滚扑腾，样子十分可爱。

## 芝麻告诉你

在南美地区，有的时候人们可以看到凶猛的鳄鱼却没有了尾巴，成了"秃尾巴鳄鱼"，这往往都是巨獭的战果。因为除了人类，在这一地区能够对巨獭构成威胁的只有凯门鳄，但成群结队的巨獭根本不怕凯门鳄。更让人忍俊不禁的是，鳄鱼一旦离开水到了岸上，反倒很容易遭到巨獭的偷袭。智慧而狡黠的巨獭会巧妙地运用车轮战术不断骚扰鳄鱼，直到对方体力耗尽。当鳄鱼趴在地上喘粗气的时候，巨獭们就把鳄鱼的大尾巴当作了美餐。外表可爱的巨獭，堪称另类猛兽！

---

现在，我要考考你们：你知道下列哪种动物是善于动脑谋策、机智的动物吗？

A. 狐狸　　B. 老虎　　C. 兔子　　D. 猴子

# 身边的大问号

电子体温计是怎样测量体温的？

等离子电视和液晶电视哪个更耐用？

"电子眼"是如何记录交通违章的？

## 鱼眼照相机是干什么用的？

作为科考队员的重要职责之一，就是要记录科学考察数据。这时候照相机就派上了用场。别小看了芝麻我，我可是一个顶级摄影师哦。有关科普摄影的知识还真是难不倒我。这不，最近我正在玩儿鱼眼照相机。你一定会问我，鱼眼照相机是干什么用的？

鱼眼照相机并不是用鱼的眼睛做的，而是指带有一种叫作"鱼眼镜头"的相机，它是一种焦距极短并且视角接近或等于180°的镜头，它的焦距为16mm或更短。这是一种极端的广角镜头，为使镜头达到最大的摄影视角，这种摄影镜头的前镜片外表面呈抛物线状向前部凸出，

与凸出的鱼眼睛颇为相似,因此就被称为"鱼眼镜头"。

鱼眼镜头属于超广角镜头中的一种特殊镜头,它的视角力求达到或超出人眼所能看到的范围,但是却没有对超视角的光学变形进行矫正。因此,鱼眼镜头与人们眼中真实世界的景象存在很大的差别,我们在实际生活中看见的景物是有规则的固定形态,而通过鱼眼镜头拍出的画面变形却很夸张。

芝麻我的房间不大,每当要给好奇芝麻家里是什么样子的小伙伴拍照片的时候,总是很苦恼——我始终没法拍下房间内的全景,就算站在门口,也只能拍到一小部分,而鱼眼镜头就解决了这个问题,它的视角范围大,最适合近距离拍摄大范围景物。不过,鱼眼镜头在接近被摄物拍摄时能造成非常强烈的透视效果,强调被摄物近大远小的对比,使拍摄的画面具有一种震撼人心的感染力,用鱼眼镜头拍出来的房间全景,看起来显得特别高端大气呢!

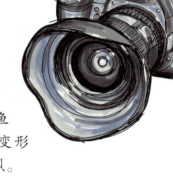

鱼眼镜头的成像有两种，一种像其他镜头一样，成像充满画面；另一种成像为圆形。无论哪种成像，用鱼眼镜头所拍摄的照片，画面变形都相当厉害，透视汇聚感强烈。

现在你们知道鱼眼照相机是干吗用的了吧，有机会的话，把你们的房间也拍下来拿给芝麻我看看哦！

## 芝麻告诉你

众所周知，焦距越短，视角越大，因光学原理产生的变形也就越强烈。为了达到180°的超大视角，鱼眼镜头的设计者不得不做出牺牲，即允许这种变形的合理存在。其结果是，除了画面中心的景物保持不变，其他本应水平或垂直的景物都发生了弯曲的变化。也正是这种强烈的视觉效果为那些富于想象力和勇于挑战的摄影者提供了展示个人创造力的机会。

现在，我要考考你们：鱼眼镜头最大的特点是视角范围大，视角最大可达到多少度？

A. 230°　　B. 240°　　C. 250°　　D. 260°

# 电子体温计是怎样测量体温的?

芝麻我虽然平时很注意锻炼身体,但也难免头疼脑热。有一次,我感冒了,浑身发冷,估计是发烧了。回到家,我赶紧拿出水银体温计量体温,谁知手一抖,体温计掉到地上,摔了一个粉碎。当时我就想,要是有个不怕摔的电子体温计该多好啊。

你还别说,这个问题我最近解决了。因为当我把烦恼告诉我的医生朋友时,我得到了一支电子体温计。它可不是会轻易就能被摔坏的哦。当然了,有了上一次的教训,芝麻我会更小心。

不过新的问题来了,普通的水银玻璃体温计是靠体温计里的水银热胀冷缩的原理测量体温的,那么,

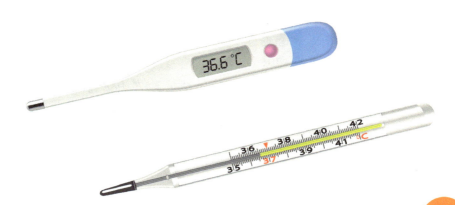

电子体温计有什么优点呢？它又是怎样测量体温的呢？

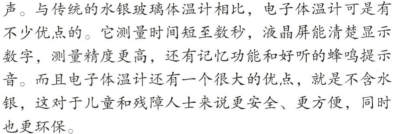

组成电子体温计的电子元器件有温度传感器、专用集成电路、液晶显示器、纽扣电池等。例如当你把它放入耳中时，它能在几秒钟内快速、准确地测量人体体温并发出蜂鸣声。与传统的水银玻璃体温计相比，电子体温计可是有不少优点的。它测量时间短至数秒，液晶屏能清楚显示数字，测量精度更高，还有记忆功能和好听的蜂鸣提示音。而且电子体温计还有一个很大的优点，就是不含水银，这对于儿童和残障人士来说更安全、更方便，同时也更环保。

你一定想知道电子体温计是怎样测量体温的，对不对？它的测温原理是这样的：当我们把电子体温计放到腋下感温部位或舌根部位的时候，温度传感器感受到人体温度后输出电信号，内部集成电路把电信号转换成数字信号，最后通过小小的液晶显示屏以数字形式把温度告诉给我们。一般来说，电子体温计能测到的体温范围从 32℃ 到 43℃。

电子体温计有很多类型，我们比较常见的是硬棒式电子体温计，这种体温计特别适合家庭使用，它采用腋窝测量或口腔测量的方式测量体温；还有耳式电子体温计，只需要把它放入耳中就能够迅速测出体温。不常见的软棒式电子体温计的前端能够任意弯曲，无论是口腔、腋下，还是肛门，都可以进行全方位的测量。至于针对幼小的婴幼儿，更有奶嘴式体温计，它可以根据宝宝口型在硅胶奶嘴内加装温度传感器。

## 芝麻告诉你

由于电子体温计有许多传统体温计不具备的优点，普及速度非常快，越来越多的企业开始投资生产电子体温计，进一步加快了电子体温计的普及速度。现在，就连芝麻我的家里也有一支了，你不想买一支吗？

---

现在，我要考考你们：你知道，液体温度计是谁发明的吗？

A. 雷诺　　B. 琴纳　　C. 厄兰格　　D. 缪勒

## 等离子电视和液晶电视哪个更耐用？

芝麻我最近想要添置一台平板电视，于是我就去各大电器商场转悠，可真是让我挑花眼了，品牌不说，光是品种就有等离子电视和液晶电视两种，都说自己的产品好，我究竟要选哪种呢？多年的工作和生活经验告诉我，凡事要想弄明白，总是要仔细研究的，我还真研究明白了。

先说等离子电视。之所以把这种电视叫等离子电视，是因为它以等离子管作为发光元件，屏幕由大量等离子管排列在一起构成，在每个等离子管里都充有氖、氙气体，当接通电源后，在电极间加上电压，两层玻璃之间的等离子管中的混合气体会发生等离子放电现象并产生紫外线，紫外线激发显示屏上的红、绿、蓝三基色荧光粉发出可见光。每个等离子管对应一个像素，当这些像素的明暗和颜色变化组合起来进行混色时，

就会产生各种色彩和灰度的图像,这样我们就看到了彩色的电视节目。等离子电视的最大优点在于具有极强的运动图像处理能力。比如当我们看体育比赛的时候,如果是一场足球比赛,足球在空中飞行的时候,电视屏幕上不会有拖尾的现象。如果长时间观看电视的话,等离子电视的亮度更柔和,可以减轻电视画面对眼睛的刺激,缓解眼部疲劳。

再说液晶电视,传统的液晶电视被称为LCD,它是采用冷阴极荧光管作为背光光源,而最新采用发光二极管为背光光源的液晶电视则被称为LED。液晶电视的最大特点是无法自己发光,它利用液状晶体在电压的作用下通过光源照射显示图像的原理来工作。新的LED液晶电视在发光原理上与LCD液晶电视是相同的,但它是一种优于LCD液晶电视和等离子电视的新型液晶电视。

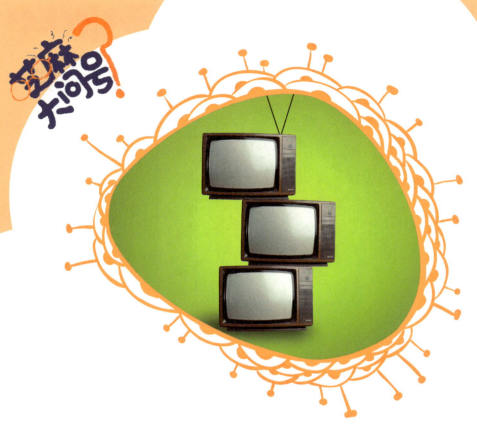

　　从色彩方面来说，LED液晶电视的色彩表现范围更广，随着发光二极管色彩的丰富，原来采用红、绿、蓝三基色的LED背光光源有了更多的颜色选择，在色彩表现力上更趋于完美。从清晰度和拖尾现象方面来说，LED克服了LCD不能完美呈现运动画面的弱点，可以精确地进行色彩管理，由于它的频率高于LCD电视采用的冷阴极荧光管，因此液晶电视屏幕拖尾的现象彻底消失了，在这一点上，LED电视和等离子电视可以说不分上下，但是它的高分辨率可是等离子电视比不了的哦。从使用寿命方面来说，LED液晶电视屏幕的使用寿命更长，可以达到10万小时，大大超过了LCD液晶电视屏幕的3万到5万小时，也超过了等离子电视6万小时的使用极限。最后再来说说环保，LED电视不产生任何射线，里面也不含有毒物质，即使在低温的环境下仍然能够正常使用，这是等离子电视不具备的优点。

　　下面我知道我要买哪种电视了，因为芝麻我喜欢看球，所以我买LED液晶电视。

## 芝麻告诉你

　　2013年，长虹公司推出了国内首款LED曲面电视。它不仅符合人体工程学的要求，让你的观看体验更加自然、真实，同时它还将网络、电视、影视、媒体、游戏、应用整合在一起，成为名副其实的新媒体时代的客厅生态电视系统。

　　现在，我要考考你们：你知道，被称为"电视之父"的人是谁吗？

A. 托马斯·阿尔瓦·爱迪生　　B. 约翰·洛吉·贝尔德
C. 阿尔伯特·爱因斯坦　　　　D. 亚历山大·贝尔

苍蝇携带那么多病菌，为什么自己不会被感染呢？

如果芝麻我请你在生物界选出一位"最不讲卫生"的成员来，你会选谁呢？不管你的"人选"是谁，在我的排行榜上，冠军一定是苍蝇。你们都见过苍蝇吧？这个家伙的卫生意识特别差，总是喜欢在垃圾堆甚至腐烂的动物尸体周围活动，全身都带满病菌，成群结队地四处传播疾病，危害人类健康。有科学家估算过，一只苍蝇携带的细菌数目少则几十万，多则超过五亿个，这些细菌主要分布在它的消化道里，大部分对人体有害。

不过，尽管苍蝇和各种病菌关系密切，不仅生活在肮脏的环境里，还专门吃脏东西，大自然的设计师却赋予了它一个让人羡慕的本领，那就是苍蝇自己从来都不会被病菌感染而生病，这是为什么呢？

首先，为了观察苍蝇的习性，我们需要捕捉一只苍蝇。听到这个任务你是不是吓了一跳？我们都知道，苍蝇的反应很快，想抓到它可不是件容易事。好在，苍蝇也有弱点，看到美食就放松警惕。芝麻我的办法是，拿一个透明的碗，里面放上一片苹果或者土豆，耐心等苍蝇飞来，然后轻轻地用盖子盖上，就可以开始观察了。你会发现，苍蝇吃东西不会囫囵吞枣，而是把唾液吐在食物上，等一会儿才把头部的吸管探过去享用，而且很快就会产生排泄物。概括一下苍蝇进食的特点，就是"吐、吸、排十秒搞定"，这说明苍蝇消化食物的速度非常惊人。

一般的哺乳动物从进食到排便，最快的也要几十分钟，人类在正常情况下是24小时排便1次，所以当人们吃了带有病菌的不洁食物后，因为没办法及时把病菌和毒素排出体外，就容易生病。而苍蝇只需要短短7~11秒，就能把食物中的营养物质全部消化吸收，同时把废物排出体外。

你可能会有疑问，万一在那短短的十秒钟之内，就已经有很厉害的病菌使苍蝇得病了呢？其实，早在20世纪60年代，日本科学家就从苍蝇的消化道中分离出一种名为抗菌肽的小分子蛋白质，把它滴在伤寒、霍乱、痢疾、脑炎、肠炎等疾病的致病菌的培养基上，那些活蹦乱跳的病原菌很快就纷纷溶化死掉了，这种杀菌物质也是苍蝇的护身法宝之一。

这么看来，就算苍蝇吃进去了很多病菌，它们的健康也不会受到威胁，细菌有的直接被抗菌肽杀死，有的很快被排出体外，根本来不及兴风作浪。

可是，假如碰上具有快速繁殖能力的病菌对手怎么办？如果病菌的繁殖速度超过了苍蝇排泄的速度，在不得已的情况下，苍蝇还会动用体内的秘密武器。意大利科学家研究发现，当病菌侵犯苍蝇机体时，苍蝇的免疫系统就会"发射"出两种球蛋白，就像人类使用的"原子弹"、"氢弹"一样，射向病菌并引发"爆炸"，与"敌人"同归于尽。更奇妙的是，这两种球蛋白从免疫系统"发射"出来的时候，总是一前一后，协同作战，从不混乱，"弹药补充"也非常快，再顽固的"敌人"在这样的攻势下，也会被彻底消灭。科学家们正在努力研究提取苍蝇体内制造这两种球蛋白的方法，用于治疗人类传染病，为人类带去福音。

## 芝麻告诉你

苍蝇也会得病，虽然细菌对它无可奈何，可是真菌就让苍蝇很头疼了。有些真菌会寄生在苍蝇体内，等成熟后孢子破裂，再去寻找新的苍蝇宿主，这种真菌感染虽然一般情况下不会致命，但是也算不上健康，就像人得了脚气一样，十分不舒服。

---

现在，我要考考你们：你知道人主要通过什么途径被苍蝇传染了病菌呢？

A. 呼吸　　B. 进食　　C. 触摸　　D. 养殖

# "电子眼"是如何记录交通违章的?

为了环保,芝麻我经常坐公交车出行,在途经一处十字路口的时候,正碰上交通灯红灯亮起,行驶的车辆停了下来。看着窗外,我忽然想到了一个问题:"电子眼"是如何记录交通违章的呢?

想要找到这个问题的答案并不难,只要了解"电子眼"的工作原理就可以破解。

首先,"电子眼"是采用感应线圈来感应路面上的汽车传来的压力的,它通过传感器将这个压力转换得到的信号采集到中央处理器,再送往寄存器暂存,而这个数据在一个红灯周期内是有效的。其次,在同一个时间间隔内,也就是在一个红灯周

期内，如果同时产生两个脉冲信号，即视为这辆汽车的违章"有效"了。什么意思呢？就是说，如果当时是红灯，而汽车的前轮已经过线了，而后面的轮子没出线，则只产生了一个脉冲，在没有连续的两个脉冲时，它是不拍照的，也就是说，"电子眼"视为该车辆没有违章。再次，当黄灯亮时，拍照系统延时2秒启动；当红灯亮时，系统就已经启动了；而绿灯将要亮时，则提前两秒关闭系统，主要是为了防止误拍。"电子眼"所拍摄的图像被下载传输到指挥中心以后，还需要对图像进行登记、编号、公告，再传输到中心计算机数据库，以备有关部门调用。

"电子眼"的抓拍有两种方式：一种是地下埋设感应线圈，横杆上架设数码相机，就像我们平时看到的那样，用于对闯红灯车辆进行抓拍；另一种是架设摄像机，用于对超速、闯红灯、违章停车等行为进行实时录像。另外，"电子眼"也是有拍摄范围的，一个摄像机通常只能拍一个车道，少数可拍两个车道，一般都是设在从左向右数的第一条和第二条车道上。数码相机的拍摄范围则较宽,所以在城区内大多数都能够拍到同方向所有的车道。

## 芝麻告诉你

"电子眼"又称"电子警察",是"智能交通违章监摄管理系统"的俗称,1997年在深圳研制成功后开始逐步推广使用。"电子眼"是通过车辆检测、光电成像、自动控制、网络通信、计算机等多种技术,对机动车闯红灯、逆行、超速、越线行驶、违例停靠等违章行为进行全天候监视,并捕捉车辆违章的图文信息,为事后处理违章提供依据的一种技术手段。

现在,我要考考你们:关于"电子眼"的功能,下面三种说法中,哪一种是正确的?

A. 顾名思义,"电子眼"就是电子做成的眼睛,是用来代替人观看肉眼看不到的奇异景象的一种设备

B. "电子眼"是用来记录交通违章情况的,不论该机动车辆是否违章,它一律进行拍照

C. "电子眼"是用来记录交通违章行为的,采用感应线圈来感应路面上的汽车传来的压力,只针对产生两次脉冲的机动车辆进行违章拍照

# 植物通关密语

橡胶树为什么有毒又有用？

月光花是见到月光才开放吗？

"臭名昭著"的美丽植物是什么？

## 橡胶树为什么有毒又有用？

自然界中是否存在有毒又有用的树？你们会说"芝麻你是在开玩笑吧"？绝对不是。芝麻我认为，世界上的万事万物都是有两面性的，就是说，一件事物在具有好的一面的同时，往往也存在着不好的一面。比如电，电为人类带来了很多便利和好处，但同时它又可以把人电伤甚至电死；火给人带来温暖、光明和美食，但同时火灾又会给人类造成巨大的生命和财产损失。这样的例子，不胜枚举。

橡胶树也是这样一种有着两面性的树，它既为人类做了许多好事，同时，它又是有毒的。

说起橡胶树的毒性，它并不是全身都有毒，它的毒性主要集中在种子和树叶里，小孩误食2～6粒种子即可引起中毒，症状为恶心、呕吐、腹痛、头晕、四肢无力，严重时

会出现抽搐、昏迷甚至休克。其实，只要防范严密，橡胶树的毒性就不是问题了。但说起橡胶树的好处，那可就太多了。

南美印第安人称橡胶树为"会哭泣的树"，因为只要小心切开树皮，乳白色的汁液就会缓缓流出，它原产于亚马孙森林，十九世纪被欧洲人带到世界各地。我国的橡胶种植区分布于海南、广东、广西、福建、云南、台湾等地区，其中，海南为主要种植区。

橡胶树有非常高的经济价值。人们只要用刀轻割橡胶树的树皮，就会从刀口处流出白色的好似牛奶一样的胶乳，人们把这种胶乳收集起来，经过凝固干燥，就得到了天然橡胶。天然橡胶因为具有很强的弹性和良好的绝缘性、可塑性、隔水性、隔气性，以及抗拉和耐磨等特点，被广泛地运用于工业、国防、交通、医药卫生领域和日常生活等方面。橡胶树的种子可以榨油，是制造油漆和肥皂的好原料。橡胶果壳可制成优质纤维、活性炭、糠醛等。橡胶木的材质轻、花纹美观，加工性能好，经化学处理后可制作高级家具、纤维板、胶合板、纸浆等。

说到这里，芝麻我认为，人们把橡胶树叫作"流泪的树"并不恰当，它简直就是不折不扣的"流钱的树"啊！

## 芝麻告诉你

在史前时期，只有南美的印第安人对橡胶进行简单的开采和利用。最初的时候，橡胶可能是被当作财富或极其珍贵的物品使用。公元前400年左右，墨西哥特瓦坎一带因生产橡胶而形成了一个橡胶之国——奥尔麦克王国。在一幅6世纪的壁画上，画有那里的阿兹特克人向部落首领进贡生胶的情景。

现在，我要考考你们：橡胶树割出的胶乳为奶白色，你知道胶乳凝固干燥后是什么颜色吗？

A. 黑色　　B. 白色　　C. 红色　　D. 棕色

# 月光花是见到月光才开放吗?

我有一个植物学家朋友,他给我从微信上发来一张花的照片,让我猜猜这种花的特性。这可难不倒芝麻我这个疯狂的科学迷。在我耐心寻找下,终于找到了这种花的资料。它有一个美丽的名字,叫作"月光花"。

月光花,这可真是个好听的名字,我想象这种植物会在月光下开出美丽的花朵,发出幽雅的香气。那么月光花真的是见到月光才开放吗?它的名字的由来是与其特性有关吗?

月光花是原产于美洲热带的一种植物,喜欢温暖湿润的气候,对土壤的要求也不高,一般的土壤都适合它生长。它唯一不适应的就是寒冷,一遇到霜冻它就不能

生存了。月光花是一年生草本植物，擅长攀援缠绕，所以特别适合做篱笆上的装饰植物，这一点有点像牵牛花。其实月光花的花朵也是有点像牵牛花，只是比牵牛花还要漂亮，花朵则比牵牛花大了许多，远远看去，又圆又白、状如满月，这是它为什么被称为月光花的一个原因。另一个原因是，月光花总是在晚上开放，而且都在晚上7点前后，一直开到第二天凌晨日出前。这段时间，也正是月亮漫游夜空的时候。当然，只要其他条件满足，即使阴天看不到月亮，月光花也是会按时开放的。月光花不仅漂亮，而且还很香，实在是花园里篱笆上的理想装饰植物。

月光花还是一种草药，全株都可入药。性味苦、辛、凉，可解蛇毒；种子可治跌打肿痛、骨折。

在古老的中部美洲文明中，人们用月光花将弹性卡斯桑木和灰白银胶菊中的乳汁转变为有弹性的橡胶球，因为这些植物的乳状汁液中含有的硫元素，能使橡胶硫化。

小小的月光花居然能带给人们这么多的好处，虽然它们的寿命只有短短的一年，但人们都会及时采集月光花的种子，并且会在适当的时间、适当的地点撒下月光花的种子，让月光花的美丽和芬芳代代相传。

看来，芝麻我要给老朋友回信去告诉他关于月光花的一切了，还要感谢他让我有机会了解了这么美丽的花朵。

## 芝麻告诉你

月光花在夜间开放，太阳花则正相反，它们会在白天阳光充足的时候开放。月光花和太阳花同样带给人们美丽，但月光花似乎更可贵。因为月光花能够忍受黑暗的恐怖和夜晚的寂寞，它们把美丽和芬芳带给白天劳碌了一天的人们，伴随他们安然入睡。

---

现在，我要考考你们：月光花因为总是在晚上7点左右开放，所以它因此得到了一个别名，你知道是什么吗？

A. 夜来香　　B. 报时花　　C. 幽灵花　　D. 晚茉莉

## 会流血的树你见过吗?

芝麻我今天遇到一件倒霉事儿,做实验的时候不小心弄伤了手指。要知道我可是"晕"血啊!怎么,刚"苏醒"过来就向我提这么有难度的问题:有会流血的树吗?

喂,你们是不是还想让芝麻我再晕过去一次呀!

哈哈,其实我刚才是开了个玩笑,我可没有晕血的毛病,心理素质也是相当过硬的。会流血的树?这倒是一个值得研究的课题。首先,我判断树流出的肯定是汁液,至于会不会流出红色的汁液,也就是我们所说的"血",最好的办法是调查一番。经过调查,我发现了一个神秘的植物家族——龙血树。

龙血树是一个家族,而且外形也不尽相同,有的属于乔木,有的属于灌木,它们的一个共同点就是在树皮破损的时候,会流出红色的汁液,将伤口遮盖起来并促进自愈。看来,这种血色汁液最重要的作用是帮助树木进行自我保护。

要评选外形最奇特的龙血树,芝麻我认为,则非也门索科特拉岛上的龙血树莫属。这里是印度洋西部的一

个群岛，在 600 万～700 万年前与非洲大陆分离，因此形成了极其独特的生态环境。和澳大利亚的塔斯玛尼亚岛相似，这个岛屿上的动植物都是其独有的，其中 37% 的植物、90% 的爬行动物和 95% 的蜗牛品种在世界其他地方都是见不到的，在芝麻我看来，这里简直是动植物的一个宝库啊！这些品种众多的稀有生物已被联合国教科文组织列入了世界遗产名录。

索科特拉龙血树的外形就像是一个外星人的飞碟，又像下雨天被风吹翻向上的雨伞，还像一个巨大的绿色蘑菇。总之，它给人的第一感觉就是怪里怪气的，仿佛是魔幻故事中才应该有的植物。龙血树的枝干很像人体中的血管，又像是无数只章鱼的手托着一个绿色的树冠。龙血树是一种常绿植物，树干破损分泌出的汁液像人类的鲜血一样，是鲜红色的。这种汁液有很多神奇的功效，不仅能够止痛止血、镇静麻醉，还能够用于制作抗病毒药物，治疗呼吸道、咽喉、发烧、痢疾等方面的疾病。在历史上，它还被用于巫术，看来，它的奇特外形和功效还真是吓住了不少人呢！

更令人感到不可思议的是，索科特拉龙血树是名副其实的老寿星。它是世界上最长寿的植物之一，可以称得上是植物中的"活化石"，它的树龄居然能够达到惊人的8000多年！不过，目前全球不断变暖的气候正在对以龙血树为代表的动植物造成严重的威胁。有研究报告显示，在索科特拉岛上已经没有自然生长的龙血树幼苗了！

这可是个糟糕的消息，我们一定要保护好我们的自然环境，只有这样才能保证让我们的子孙后代能够看到更多的稀有动植物。

龙血树的药用价值很久以前就被人类发现了，在我国著名的医学典籍《本草纲目》中就有记载，龙血树树脂是活血良药，可以治疗筋骨疼痛。

现在，我要考考你们：龙血树脂在我国中医中的名字叫什么呢？

A. 龙血　　B. 血竭　　C. 活血散　　D. 止血丹

# 世界上最大的花是什么？

每当春天来临，芝麻我总是会走出户外欣赏各种花草。同学们的家里也会养很多花草吧！当你们长时间学习以后，去阳台上放松放松眼睛，看着各种颜色的花朵，会不会觉得很赏心悦目？在我国，居民养花时多养植月季、牡丹、芍药、牵牛花等花种，它们的共同特点是比较容易养植。那么，关于花草，同学们想知道世界上最大的花有多大吗？

在美丽的花的"国度"里，最大的花算是霸王花了，霸王花又称大王花，属于大花草科植物，它可算得上花中之王了。它最早被发现于印度尼西亚苏门答腊的热带雨林中。这种霸王花的颜色为深橘黄色或浅橘黄色。霸王花每朵开5瓣，一朵花朵的直径就有1.5米左右，花瓣很厚实，有1.9厘米那么厚，花瓣外面带有浅红色的斑点，一朵花的重量就有9千克左右。霸王花的花心部分像一个大洞一样，这个大洞可以容纳一个3岁左右的小孩儿。

说到这里，你们也许还有些不相信——如果花朵这么大，那整棵植物得长多高啊？没错，对于霸王花的高度，芝麻我也非常好奇。但是，这么大的花，居然是"趴"在地上的，活像一个匍匐在地上的大蘑菇！同学们，这

么巨大的植物，你们有没有感到不可思议呀！

芝麻我原来还想，这么巨大的花朵，肯定特别香，没准离着数十米就能闻见浓郁的花香，多美呀！结果科学家们告诉我，这种巨型花有一个特点，那就是不但臭味巨大，没有特定的开花季节，而且最奇怪的是，霸王花没有植物通常具有的根、叶和茎部。它是一种寄生植物，也就是说，它的生长必须依附在另一种植物上。那么，你们也许会有疑问，它是如何发芽、如何生长的呢？很遗憾，到目前为止，生物学家们还不知道霸王花的种子是如何发芽和生长的，当然了，他们也无法解释为什么它会依附在别的植物上生长。唯一可以确定的就是，这种霸王花是从它所依附的植物上吸取养分的。

由于霸王花是世界上最大的花，所以很多植物园都想培养，但由于霸王花对环境的要求很高，所以很少有植物园能够培养成功。关于这种植物的分布，目前人们仅能在印度尼西亚的苏门答腊岛和婆罗洲以及马来西亚的热带雨林中看到这种寄生植物，所以在栽培和种植方面依然需要进行更多的研究。英国的基尤花园在威尔斯亲王温室的热带植物区种植了一株霸王花，经过六年的种植，这株花终于绽放了，随着这株花的绽放，给这片植物园带来了恶臭，但是也引来了络绎不绝的参观者来观看世界上最大的花。这种花并不会由于它的培育时间长而绽放得更久，它的花期不过3～7天，花瓣凋谢的时候会慢慢变黑而腐烂。

## 芝麻告诉你

霸王花并不是一开始就这么臭，它的幼苗和花蕾都是没有什么气味的，花刚开的时候还有一点点香味，可是过不了多久就变得臭不可闻了。关于霸王花为什么会变臭的原因至今仍是一个谜。由于霸王花的移植比较困难，而且它对环境的要求很高，所以在世界各地的植物园里很难见到霸王花。

现在，我要考考你们：在哪里能见到霸王花呢？请从以下答案中挑选出正确答案吧！

A. 英国　　B. 中国　　C. 印度尼西亚　　D. 韩国

## 含羞草真的会害羞吗？

芝麻我今天在路边碰到一件有趣的事。当时我的手碰到了一株不起眼的小草，结果它的叶子立即合拢起来，好像很怕羞的样子。难道这就是传说中的含羞草？芝麻我一定要一探究竟。

同学们，你们见过含羞草吗？这种植物原产于南美热带地区，喜欢温暖湿润的环境，因为它对土壤的要求不是很严格，所以比较容易栽培。它的叶子是扁形的，呈掌状排列，与一般的植物不同的是，当它受到外界刺激的时候，它的叶柄会下垂，小叶片就开始合闭，这个动作就像一个姑娘遇到陌生人的时候害羞的样子，所以大家才叫它含羞草、知羞草。

关于含羞草为什么会收拢叶子的解释有很多，有人说那是一种自我保护的现象，因为它的叶柄基部有一个膨大的器官叫"叶枕"，叶枕内生有许多薄壁细胞，这种细胞对外界刺激很敏感，一旦它的叶子被触动，这种刺激立即会被传到叶枕，这时候，薄壁细胞内的细胞液就开始向细胞间隙流动，叶枕下部的细胞间压力就会降低，从而让我们看到叶片闭合、叶柄下垂的现象。经过1～2

分钟之后，细胞液又逐渐流回叶枕，于是叶片就又恢复了原状。所以，科学家认为含羞草的"害羞"是一种生理现象，同时也是含羞草在系统发育过程中对外界环境长期适应的结果。因为含羞草原产地在热带地区，热带地区多狂风暴雨，当暴风吹动小叶片时，它立即就把叶片闭合起来，保护叶片免受暴风雨的摧残，因而逐渐形成了这一独特生理现象。

如果你们想种植含羞草，那么一定要在3月下旬到4月初栽种，将种子均匀地撒在细土上，温度最好在18℃左右，10天左右就可以发育出幼苗了，它的幼苗期生长缓慢，长到7~8厘米时可以将它定植。这种类型

的草没有病虫害,所以不用担心会有很多害虫。因为它喜欢阳光,所以最好将它放在阳台等经常见阳光的地方。等待它长大了之后,你们就可以看到绿油油的含羞草了!

## 芝麻告诉你

我国有一种树叫作"痒痒树",之所以叫它痒痒树是因为当人们用手指在树干靠近根部的地方挠它时,它的枝叶就会随着手指的动作轻轻摇摆,动作越快,树冠的摆动就越快。所以,不只是含羞草,其他一些植物也能够像人类一样,对外界的刺激做出反应。

现在,我要考考你们:你知道含羞草在哪里最容易找到吗?

A. 干燥的马路旁　　B. 潮湿的小溪旁
C. 喧闹的城市里　　D. 遗弃的工厂中

# 能够捕捉昆虫的植物你见过吗？

芝麻我最近看了一部电影《地心历险记》，我被里面各种各样的灌木和树种迷住了，它们神奇的样子和习性引起了我的极大兴趣。同学们有没有看过丛林探险类的节目呢？看到那些在《地心历险记》等电影中出现的能够捕捉昆虫的植物镜头时，有没有感到大自然真是非常伟大和神秘呢？在真实世界里，到底有没有像电视节目中出现的那种能够捕捉昆虫的植物呢？让芝麻我带着你们一起去奇妙的植物世界里瞧一瞧吧！

在神秘的植物世界中，确实有捕虫植物的存在，而且这类植物还不止一种，竟多达400余种。在这些会抓虫的植物中，有的植物只是把虫子捕捉来又放走，有的植物则会吃掉捉到的虫子，还有的植物则仅仅是杀掉捕到的虫子。

进化论认为，生物都是趋利避害的，不会做多余的事。的确，大多数捕虫植物是能够

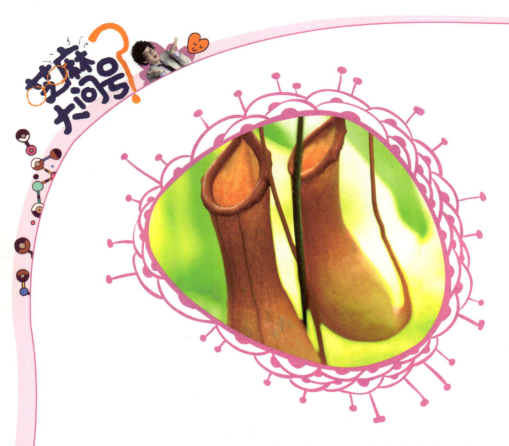

捕捉并消化像苍蝇这类小动物的,它们通过自身分泌的液体消化小动物并为自身吸取充足的养分。为什么这些植物不靠根部吸收土壤中的养分呢?主要原因就是它们生活的土壤太贫瘠了,而且这些植物生长的地理环境也以沼泽地和石漠化严重的地区为主。正因为它们生长的环境恶劣,自身很难从土壤中获得充足的养分,它们才逐渐演变成依靠捕获昆虫来获取营养的习性。根据种类的不同,捕虫植物各有各的"捕猎绝招"和"独门工具",有的用夹子,有的用笼子形状的捕虫器,还有用黏液粘住虫子的,具有各种各样捕虫结构和工具的植物组成了捕虫植物大家族。

那么，它们都是怎么来捕捉虫子的呢？让我们来想象一下，现在有一只小昆虫慢慢地爬向笼状食虫草，当它爬到食虫草笼口边缘的时候，笼口内鲜艳的色彩会吸引昆虫的好奇心，而当昆虫不小心进入到笼中的时候，笼盖会轻轻盖上，而光滑的长满蜡质的内壁会防止昆虫爬上来。昆虫就这样被关在了食虫草的笼子里面，并在消化液中被缓慢消化掉。经过芝麻我的观察发现，大多数食虫植物都具有一种能够快速关闭的捕虫器，能够在碰触到昆虫的时候，在第一时间将其卷入囊中进行消化。我们平时所说的猪笼草和食虫凤梨就是这种类型植物的典型代表。

对于具有像捕蝇草一样的夹状捕虫器的植物来说，它们的反应比笼状捕虫器更加灵敏。科学家们研究发现，这种夹状捕蝇草在捕捉猎物时具有惊人的关闭速度，整个过程连1秒钟都不到，而那些可怜的猎物们越挣扎越会刺激夹叶把它们夹得更紧，直到一两个星期后它们被捕蝇草彻底消化掉。

对了，忘了告诉大家。芝麻我刚刚买到一盆食虫草，因为它有着很高的观赏价值。在欧洲国家，这种食虫草已经作为室内盆栽而存在了。现在，在国内的很多花卉市场中，也很容易就能买到食虫草了，用它来点缀客厅、阳台和窗户，也是个不错的选择。同学们若有时间的话，也可以去花卉市场买一盆食虫草来养一养！

## 芝麻告诉你

猪笼草利用盛满消化液的笼状捕虫器诱捕猎物，捕蝇草利用快如闪电的夹状捕虫器捕虫。除了芝麻我前面介绍的之外，食虫植物还有其他几种捕虫技能。比如满身都是黏糊糊液体的黏液捕虫器；还有用真空原理将猎物吸入的囊状捕虫器。

现在，我要考考你们：以下哪种植物属于食虫植物，请你开动脑筋来回答吧！

A. 向日葵　　B. 瓶子草　　C. 风信子　　D. 牵牛花

# "臭名昭著"的美丽植物是什么?

动物界有华丽的剧毒杀手,我们甚至对它们中的一些很熟悉,虽然它们有漂亮的外表,但其在捕猎的时候却是心狠手辣、触目惊心的。而不能自己随意活动的植物,却经常要靠美丽的外表、诱人的香味来吸引传种的动物,在华丽的植物世界里,是否也隐藏着一些"丑闻"呢?科学大侦探芝麻我马上为你揭秘!

非洲白鹭花就是这样一种植物,它有着优美的名字以及艳丽的外表,但你千万不要被这些假象所迷惑,它可是全球十六种"臭名昭著"的美丽植物之一。

非洲白鹭花是一种大戟属植物,原产地是非洲南部,通常生长在干旱贫瘠的沙漠地区。这种花是在地下生长的,只有像肉般的花朵裸露在地面上,能够长出地面8~10厘米,其中花朵本身高4~7厘米,颜色鲜红,内部中空,肉质,三四个厚厚的郁金香外形的花瓣在顶部连在一起。这种外表艳丽的花会释放出如腐尸一样的臭味,以便吸引逐臭蜣螂和食尸甲虫前来,投入它用鲜艳的花朵伪装的陷阱。有些昆虫一旦进入了它的花朵中,就再也出不来了，直到被困死、腐烂而成为非洲白鹭花的养分。

这可真是一种危险的花，看来在大自然中，许多危险会和艳丽同行，聪明的你可要睁大眼睛，仔细分辨啊！

## 芝麻告诉你

除了非洲白鹭花以外，日本鹭草开的花也被称为白鹭花，但这种白鹭花和非洲白鹭花截然不同。日本鹭草原产日本、朝鲜和我国台湾省，这种白鹭花十分美丽，所以人们都喜欢采摘，也因此造成数量急剧减少，已经属于濒危物种了。日本鹭草在十大奇异植物中排行第三，这种花外形奇特，宛如翩然欲飞的白色飞鸟，花瓣边缘犹如松散的璎珞，又像风中张开的鸟翼，由此得名白鹭花。

现在，我要考考你们：非洲白鹭花常常躲藏在树丛中不容易被发现，你知道怎样才能找到它吗？

A. 靠闻它的气味　　B. 靠找它鲜艳的花朵
C. 靠看甲虫的动向　D. 靠听被困住的甲虫发出的声音

# 世界未解之谜

克隆人体器官能实现吗？

千年以后的冷冻人会醒吗？

人能不能听懂动物的语言？

## 克隆人体器官能实现吗?

如果有一天,芝麻我在大街上碰到一个和我长得一模一样的人,你猜我会是什么反应?我一定会飞速地在脑子里做出如下判断:机器人或者是克隆人。不过这些恐怕只能是在科幻电影里才会出现的场景。毕竟,在人类社会中,克隆人会牵涉太多的伦理问题。所以,在科学界现在还是被禁止的。不过,如果能够克隆人的一部分,我是说人体器官,那可能会让医学界面临一场前所未有的巨变。你可能会问:克隆人体器官能实现吗?

说到克隆人体器官,我觉得还得来说说医学界的器官移植。人的某个器官出了毛病,会危及生命时,医生就会建议为病人更换患病的器官。但用来更换的器官从哪里来呢?这的确是个难题。比如,要求换心脏的心脏病人那么多,到哪里去找同样多的意外死亡而事前又表示愿意捐出心脏的人呢?据统计,在美国,每年可用于心脏移

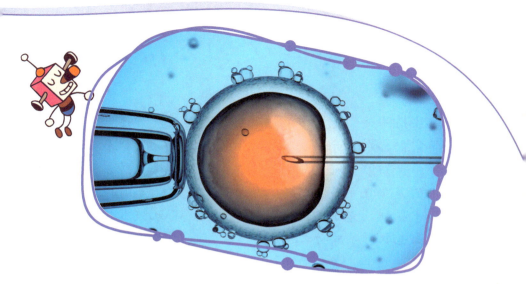

植手术的心脏只有2000多个，而需要换心脏的病人却有5万多人。这意味着每年有近5万人因为没有可供移植的心脏而死去。面对在排着队等待换心脏的长长队伍，美国政府不得不成立一个专门委员会，来决定该谁先换心脏，谁后换心脏。况且，并不是任何人的器官都适合用来移植，因为供体和受体之间是存在排异反应的。

目前，人类的克隆技术突飞猛进，已经有多种克隆动物诞生，克隆人也不是神话，只不过是因为伦理问题，各国都明令禁止克隆人，所以还没有克隆人出现。鉴于此，有科学家提出可以用病人自己的细胞克隆他自己的器官，用于更换患病的器官。这样既解决了供体的问题，又解决了排异的问题，可谓一举两得。

实验证明，用人的细胞克隆器官，是完全能够办到的。这是因为从理论上讲，人体任何一个细胞的DNA上都包含着发育成任何一个器官的完整信息。只要有办法启动这些信息，并保证细胞繁殖所需要的营养，便有办法用一个细胞在体外培育出一个器官。目前，各国科学家们都在为此而努力，并且取得了可喜的进展。1998年，世界第一例克隆胸骨移植到人体取得成功，接受手术的是美国的一位16岁的少年。随后，美国、瑞士等国家相继攻克了克隆皮肤这一难题，将此技术应用到临床上也取得了成功。

科学家们推测，在未来10～20年内，克隆人体器官将成为一个产业。到那时，人的任何器官坏了，都可以用自己的细胞克隆一个新的换上。嘻嘻，这真是人类的福音啊！

## 芝麻告诉你

克隆是指生物体通过体细胞进行的无性繁殖，以及由无性繁殖形成的基因型完全相同的后代个体组成的种群。克隆技术是指利用生物技术由无性繁殖产生与原个体有完全相同基因组织后代的过程。

现在，我要考考你们：你知道世界上第一个克隆成功的动物是什么吗？

A. 鲤鱼　　B. 绵羊　　C. 猕猴　　D. 猪

# 千年以后的冷冻人会醒吗？

芝麻我经常去做科学实验表演，有一种实验，同学们都很喜欢，那就是——瞬间冰冻！利用超低温液态氮，可以达到很多神奇的效果，花瓣变碎片、小冻鱼复苏，等等，既然冰冻的鱼都能复苏，那冰冻的人可以吗？

自古以来，人们就有长生不老的梦想。中国古代的许多帝王都在千方百计地寻找长生不老的灵丹妙药。据传，秦始皇曾经派徐福出海为他找长生不老药。当然，他们谁也没有成功，徐福更是一去不返了。长生不老仍然只是存在于神话传说中。

进入现代社会以来，随着医疗技术的进步，人们的这一想法又开始萌动了。有些人选择了通过冷冻的方法来实现延续自己生命的可能性。

目前，美国有两个大的人体冷冻中心，也是世界首创的两个人体冷冻中心。一个是位于亚利桑那州的阿尔科生命延续基金会，它是全美国十多家从事人体冷冻业务的公司中规模最大的，也是目前世界上最大的提供"人体冷冻"服务的机构，全身冷冻的费用目前为20万美元。阿尔科共保存着69具完整的尸体。阿尔科生命延续基金会的第一个客户是物理学家詹姆斯·贝德福。1967年，他成为人类历史上第一个被冷冻的人。另一家是位于底特律市东北部工业区内的人体冷冻研究所，该研究所内有47名已经冷冻的病人等待复活，其中包括人体冷冻研究所主席罗伯特·埃廷的母亲和第一任妻子。不过，至今两个人体冷冻中心都还没有人被成功复活。

那么，这些冷冻的人体在将来究竟能不能复活呢？据澳大利亚新闻网等媒体报道，澳大利亚生物学家菲利浦·罗兹获准设立了澳大利亚第一个人体冷冻中心。据罗兹构想的人体冷冻程序，客户被宣布死亡后的第一时间，他的遗体将会被用冰水降温，再通过心肺支持和氧气支持保证其血液继续循环；然后进入冷冻程序，抽干全身血液，同时在体内注入化学物防止冻伤，最后将遗体置于充满液氮的容器内，慢慢降温到零下150℃。如果人体基本结构能够完好保存，等到将来科学技术成熟时，人体就能重新被激活。

但是，人体器官十分复杂，它的低温保存也会十分困难。生物体按照复杂程度分为细胞、组织、器官、人体，按照目前低温生物医学的水平，大部分细胞以及部分组织能被低温保存，但是心脏之类的器官是不能长时间被低温保存的。而且在降温过程中，不同的细胞、器官所需的条件也不一样，因此目前还不能成功实现整个人体的低温保存。某些器官都不能被低温保存，那何谈冷冻人的复活呢？

当然，还有人提出了器官的再生和修复，但这只是设想，还有许多的技术难题需要克服。以目前的技术水平，复活冷冻人还不可能，但谁也不知道未来能不能实现。毕竟有那么多冷冻人还躺在冷库里面呢，科技水平一天没有发展到复活他们的水平，他们就会躺在冷库里一天；而只要他们还躺在冷库里，谁也不能说他们就真的死了。

## 芝麻告诉你

人体冷冻是一门新兴的科学技术，主要研究体温对寿命的影响。降低体温的实验已经取得了良好效果。如果将人的体温降低2℃，那么一个人便可以多活120～150年。果真如此，人类就能像传说里说的那样，活到700多甚至800岁。

现在，我要考考你们：美国物理学家詹姆斯·贝德福是世界上第一个被人工冷冻的人，你知道他是在哪一年被冷冻的吗？

A.1900年　　B.1935年　　C.1967年　　D.2001年

如果你问芝麻我过生日最喜欢要什么礼物?那就给我一台动物语言翻译机好了。有了这台翻译机,以后我去野外考察的时候再也不用担心迷路了,我只要问问树上的小鸟或者是一只野兔就能找到回家的路了。是啊!虽然这只是科学幻想,但是我想要知道的是:人能不能听懂动物的语言呢?

传说圣人孔子有个学生叫公冶长,他懂鸟语,鸟儿们叽叽喳喳地叫着,他就懂得它们在说什么。这当然只是传说,那么人类究竟能不能听懂动物的语言呢?

首先我要问的是,动物究竟有没有语言呢?回答是肯定的,动物不仅有语言,而且它们的语言还是丰富多彩的呢。动物的种类多种多样,它们的语言当然也是五花八门。大到狼豺虎豹,小到各种昆虫,都有自己独立的语言,尽管并不像人类的语言系统那样,有字、词、段落等概念,但也足够表情达意。除了发声的语言外,动物也有不发声的语言,像超声语言、运动语言、色彩语言和气味语言,有的动物甚至同时采用几种语言形式。

人经过长期和动物接触,也的确能够听懂一部分动物的语言。动物的语言听起来很单调,狗吠是"汪、汪、汪",母鸡叫是"咯、咯、咯"……其实,这些语言各有各的含义。即使同一种动物,在求偶和觅食时发出的音调也不尽相同。例如,在春天寻找配偶时,雌猫往往发出一连串哀怨凄切的嚎叫声;但当同狗争食时,猫却会一边吹胡子瞪眼睛,一边发出强烈的抗议声。发现地面上的狐狸时,长尾鼠的叫声紧急而短促;而发现空中的飞鹰时,长尾鼠的叫声则单调而冗长;一旦飞鹰飞临地面,它就每隔8秒钟报1次警。据说母鸡用于报警的音调有8种之多,同伴们听后能清楚地知道来犯者是什么。蜜蜂在寻找蜜源时,会根据蜜源的方向和距离的远近,时而跳"圆周舞",时而跳"8字舞",时而跳"摇摆舞",用舞姿指引同伴去采花蜜。喜欢养宠物的人一定知道自家的猫或狗在饥饿和快乐时的叫声的不同吧?

现在看来,动物的语言还是很复杂的,我们人类也只是懂得其中的一小部分,要想真正弄懂动物在说什么,

恐怕没那么容易,更何况有那么多种动物啊。同学们,你们将来如果有志于研究动物的语言,那将是一件非常有意思的事情,而且那将会为人类做出巨大的贡献。

## 芝麻告诉你

蟋蟀是一种很可爱的昆虫,它们的叫声非常悦耳。鲁迅的《从百草园到三味书屋》里曾经把它们的叫声形容为"弹琴"。它们的叫声是很容易懂的一种语言。当然了,会叫的蟋蟀都是雄性的,它们的叫声主要有三种用途:首先是求偶,这时,它们的叫声温柔悠扬;第二种是在遇到敌人时发出的对峙声,这时的叫声很急促;第三种是在战斗胜利时发出的得意的鸣叫,这时的叫声高亢。这种蟋蟀的语言,玩蟋蟀的人都知道。

---

现在,我要考考你们:人有人言,兽有兽语。那么人类语言与动物语言的根本区别是什么呢?

A. 人类的语言有创造性,动物没有
B. 人类的语言只是靠发声,动物不是
C. 人类的语言复杂,动物的语言简单
D. 人类的语言丰富,动物的语言单一

# 人类的始祖是恐龙吗？

有的人说人类的祖先是外星人，他们是从遥远的外星球被放逐到地球上来的。还有的人说人类的祖先是海里的鱼类，他们是从海里面慢慢爬上来的。更有人向芝麻我提出了一个怪问题：人类的始祖是恐龙吗？

我觉得这个问题可以归入世界未解之谜。芝麻我知道的未解之谜有很多，比如说：UFO之谜、百慕大三角之谜、玛雅人预言之谜、恐龙之谜、海洋巨蟒之谜、海底金字塔之谜等。今天，芝麻我要好好探究一下这个谜团，看看人类的始祖和恐龙到底有没有关系。

芝麻我之所以疑惑人类的始祖是恐龙是因为：人类是否和恐龙并存于同一时代？你当然会说现在发现的人类最早的化石根本就和恐龙生活的时代不搭边。但是对于这种问题，有一些考古学家和古人类学家却大胆地提出了一个假说，那就是"恐龙是人类的远古始祖"。他们通过研究认为，6500万年前的白

垩纪晚期，恐龙并没有真的灭绝，在大灾难之后，恐龙家族中的一支幸存了下来，并成为古猿类的始祖。科学家通过对比猿类和某种体形较小的恐龙的骨骼和头骨得出结论，认为这种善于灵活跳跃，并能攀援上树的恐龙，并未在传说中的陨星撞地球的灾难来临时，同众多恐龙家族一起被毁灭，在之后漫长的亿万年岁月中，通过对环境的不断适应，最后逐步进化成古猿类。之后的事情不用芝麻我说你也知道了，古猿类通过几百万年进化为猿，再进化为猿人，猿人进化为人。这样看来，这个假说还真的能够自圆其说。如果恐龙能够躲过浩劫，那么"恐龙是人类的远古始祖"也并非不可能。

但是，也有不少科学家对这个假说提出了质疑，他们认为人类在地球上占据统治地位的时候，恐龙早就灭绝了，人类和恐龙根本不可能共存。具体来说，就是直到5500万年前，灵长类家族的共同祖先才开始出现，那时恐龙早就不存在了。还有一些人认为人类和恐龙有可能是共存的，比如美国《国家地理》杂志在2002年的一期中刊登了一则报道：美国多位科学家研究表明，大约在8000万年前，所有灵长类动物（包括人类）共同的祖先曾经和恐龙们生活在同一个时期——白垩纪。而灵长类动物的祖先幸运地躲过了后来导致恐龙灭绝的大灾难，并在随后的漫长时间里躲过了重重劫难，继续繁衍、分化，直到有一支后裔开始直立行走，并称霸地球，这就是人类。

虽然听上去言辞确凿，但是这些假说仍然只是科学家们的推断，因为作为真正的证据——化石，他们至今还没有找到。所以，关于人类始祖是否为恐龙的问题，芝麻我认为也应该像考古学家证明人类的进化过程一样，要有足够的化石证据来支撑。至于寻找这些化石的任务，可能就要落到你们的身上喽！

## 芝麻告诉你

如果与恐龙同时代存在着人类的灵长类祖先，那么他们到底长什么样呢？这一点，考古学家们只能在化石堆中苦苦求索了。在2012年的"古脊椎动物学年会"上，一位考古学家发表了关于普尔加托里猴骨骼化石的最新研究成果：他和他的团队证明，在恐龙统治地球结束后，普尔加托里猴这种灵巧的小动物在树上生活，靠水果为生。

---

现在，我要考考你们：你知道现存最小的灵长类动物是什么吗？

A. 普尔加托里猴　　　　B. 狒猴
C. 马达加斯加鼠狐猴　　D. 猕猴

# 科技超炫酷

人能像鸟类一样自由飞行吗？

可以弯曲的电视屏幕你见过吗？

海水能变成淡水吗？

## 人能像鸟类一样自由飞行吗？

芝麻我从小有个梦想，那就是做个飞行家。如果我能够有一对翅膀像鸟儿一样飞翔，那该多好啊！按理说，人类是地球上智慧最高的生物，应该什么都不羡慕才对。但是有一件事，是人类一直嫉妒却得不到，就算努力了好几千年、就算科技再发达也无法做到的，你知道是什么吗？

那就是飞翔。

从古代开始，人类就羡慕可以在空中自由飞翔的鸟类，从庄子说的大鹏，到后来高尔基笔下的海燕，乘着风穿梭在云海里，是人类的梦想。很早以前，就有人开始研制"飞翔机"，还有一些人觉得通过宗教信仰和精神力可以控制身体直接飞起。再后来，人类研制成功了飞机、滑翔机、热气球等可以飞翔的辅助器械，却仍然没办法让自己在天空中像鸟儿一样飞翔。这是为什么呢，是因为我们还不够聪明吗？

当然不是了。鸟儿能够扇动翅膀轻松地在蓝天中翱翔，主要是因为它们独特的身体构造。它们有强劲的肌肉、

有力的心脏和轻巧的骨架,这些都是鸟儿实现飞翔的主要因素。而人类在这些方面与鸟儿相比,就差得很远了。

就强劲的肌肉而言,别看鸟儿的胸部肌肉只有小小的几块,但是非常发达,拥有足够的力量来扇动翅膀。而对于人类来说,哪怕是号称"大力士"的男性,每千克肌肉所能产生的力量也是相对较小的,根本不足以支撑人飞起来。

人类的心脏也不如鸟儿的心脏强大,鸟儿的心脏较大,其相对大小在脊椎动物中是排在第一位的,而且心跳快而有力。据研究,鸽子每分钟的心跳为135～244次,金丝雀每分钟心跳为514次。心脏跳动得快,血液循环就比较快,从而能够为鸟儿飞翔提供充足的能量。

再说到骨架方面,人类更无法与鸟儿轻巧的骨架相比了,这可以说是人类不能飞翔的"硬伤"所在。人类的骨架大而重,而鸟儿的骨架里面是空心的,骨头里有很多空气,所以整体体重很轻,很容易就能够飞起来。而人类的骨架占身体的比重实在太大了,想要带起这么重的一副骨架,人体所要发展出的肌肉重量就大得惊人了。

所以,我们的结论很遗憾,人类确实不可能像鸟儿一样,单凭自己的力量就能在空中飞翔,但是我们可以凭借飞行工具飞上蓝天,去感受天空的美丽。甚至凭借人类拥有的智慧,借助火箭和航天器飞出大气层,到达月球,那里是任何鸟类都不曾到达的地方。

## 芝麻告诉你

现在,国际上有极少数人在从事一种最刺激的飞行极限运动——翼装飞行,又叫飞鼠装滑翔运动,是指飞行者借助像鸟类翅膀一样的飞行服在高空实现自由滑翔。翼装飞行分为有动力飞行和无动力飞行,而无动力翼装飞行是要从高空的飞机、热气球上,或者是悬崖绝壁上借助风力进行滑翔,最高时速能够达到200千米/小时。由于这项运动存在着极大的挑战和危险性,必须经过专门训练,在全世界范围内只有不到600人成为了翼装飞行者,因此这项极限运动也被称为"用生命飞行"。

现在,芝麻我要考考你们:翼装飞行者是靠什么来实现安全着陆的呢?

A. 起落架　　B. 降落伞　　C. 身体自身　　D. 缓冲气垫

# 汽车跑得比声音的速度还快吗？

芝麻我最近一直在练习短跑，我的目标是——突破音障。当然了，我只是想想而已。毕竟就算我比世界冠军跑得还快，也没有音速快。

音速到底有多快？从科学上说，声音在空气中的传播速度是340米/秒，也就是说，如果声音要绕着你们学校400米的操场跑一圈，只需要一秒多一点儿的时间，在你刚起跑的一瞬间，声音已经跑完了。虽然声音传播的速度很快，但是它毕竟不是实物，不能载人飞驰。不过在我们生活的这个星球上，什么样的科学狂人都有，听说科学家们发明了一种汽车，它跑得比声音还快，这是真的吗？

芝麻我告诉你，这是真的！这种汽车叫"超音速汽车"，虽然也是汽车的一种，但是它的速度可不是一般汽车所能比的。毫不夸张地说，如果坐在这辆汽车里，从中国最长的河流——长江的源头

到入海口跑一趟，最快不到4个小时就可达到！这么快的汽车，去哪儿找呢？目前，地球上具有代表性的超音速汽车有三辆，那就是"推进号"、"北美之鹰"和"寻血猎犬"，别看它们都叫超音速汽车，但是它们的速度可是一辆比一辆快呢。

"推进号"是由英国人设计制造的超音速汽车，重10400千克，相当于240个小学生体重的总和，拥有11.9米长的车身，还配有8个全铝车轮，注意只有车轮，而没有轮胎！因为这种汽车的速度实在是太快了，橡胶轮胎根本就承受不了因摩擦而产生的高温。它的车轮呈

"Y"形排列,在行驶过程中,这8个轮子任何时候都不会脱离地面。"推进号"使用了两台英国皇家空军战斗机的发动机,动力相当于145辆F1赛车的动力总和。在这样的条件下,"推进号"的最高速度达到了1227千米/小时,也就是刚好比音速快了那么一点点。

可是后来,美国人为了超越英国的"推进号",把F-104战斗机改装成了一辆被称为"北美之鹰"的超音速汽车,马上就把"推进号"给比下去了。"北美之鹰"只有3个车轮,前面一个,后面两个。前后车轮虽然相距很远,但是形成了一个稳定的三角形结构,更容易适应高速条件下的弯曲变形。它与"推进号"相比,最大的亮点是通风管的改进,使"北美之鹰"的最高速度达到了1287千米/小时,是声音速度(1224千米/小时)的1.05倍,它也一跃成为了超越"推进号"的地面速度之王。

但是人们对于速度的竞逐远没有停止,科学和技术的进步让超音速汽车的最高速度仍在继续提高,"寻血猎犬"的诞生就创造了新的世界纪录。"寻血猎犬"的外形类似一支铅笔,由航空级铝材料锻造而成,车身长12.8米,车轮直径为0.9米,车高为2.74米,重量只有6400千克。为了防止车轮因转速太快而从车身上飞出去,车轮采用了高强度钛合金制造。"寻血猎犬"搭载了新型战斗机的发动机,在车辆加速至480千米/小时后,位于车顶的混合火箭发动机将继续为车辆加速，直至达到速度的最高值。这是英国有史以来功率最大的汽车发动机，它的功率相当于180辆F1赛车的动力总和，它的速度达到了1610千米/小时，已经是音速的1.3倍啦！

## 芝麻告诉你

地球上还有一些其他的超音速运输工具。现代的许多战斗机都可以做超音速飞行，有些客机也可以让普通人享受到超音速的感觉。例如由英国和法国联合研制的协和超音速客机，这架飞机已于2003年10月24日正式退役。

现在，我来考考你们：你知道协和超音速飞机是哪年超音速试飞成功的吗？

A.1975年　　　　B.1970年
C.1965年　　　　D.1961年

# 潜水艇到底能潜多深？

当芝麻我有一天成为一名专业潜水员，穿戴着能应付海水深处压力的潜水服，潜入大海深处时，你猜我会遇到什么？神出鬼没的巨型乌贼？有海洋潜水家之称的抹香鲸？还是一艘潜水艇？都有可能！我现在关心的问题是，潜水艇到底能潜多深呢？

潜水艇是水下最危险的舰船杀手，它可以长时间在水面以下行动，不易被敌人的舰船和飞机发现，所以一个国家的潜水艇技术是海军战斗力的重要表现。电影里，我们经常看到潜水艇下潜的样子，海底深不可测，但是潜水艇似乎可以一直向下潜行，好像可以一直潜到海底。那么，现代科学技术能够使潜水艇到达多深的海底呢？

潜水艇家族非常庞大，虽然它们从外形上看都差不多，但是一般可分为常规动力潜水艇、核潜水艇和研究型潜水艇这几个大类。不同种类型的潜水艇潜水的深度是不一样的。我们通常说的潜水艇，大多是指常规动力潜水艇，它的潜水深度一般都在300～400米，这个深度也被称为"工作深度"。作为潜水艇来说，在这个深

度的海底行驶可以说非常实用和安全。日常航行中，潜水艇在这个深度范围内既可以避免与水面上的舰船发生碰撞，又能够保证自身在水中安全、自由地航行，同时在这个深度范围内，潜水艇能够轻松应付海水的压力而不至于被压破。这样的深度被称为潜水艇的安全深度。

当然啦，潜水艇家族里也有很厉害的那种成员哦！核潜水艇和研究型潜水艇由于工作需要，能够比普通的潜水艇下潜得更深。

核潜水艇一般都能深入到水下400～500米，甚至能到达600米的深水区开展工作、对敌作战。这个区域的海水压力连专业潜水员都不能忍受，而核潜水艇凭借着优异的性能和特殊的材料却能够应付自如。美国、俄罗斯、中国、法国、英国、印度都是拥有核潜水艇的国家。其中，前苏联有一种非常有名的核潜水艇——第四代攻击型核潜水艇中的M级核潜水艇。这种潜水艇在设计建造时采用了10多项当时的新技术，建成后的工作表现非常出色，其中一艘还被前苏联政府授予了"共青团员"号的称号。这艘"共青团员"号可是个大家伙，长为117.5米，宽为10.7米，为了使它的潜水深度达到1000米甚至更深，艇壳采用钛合金制造，这在当时科技条件下创造了世界之最。不过由于造价太过高昂，这种核潜水艇只造了一艘就进行不下去了。后来，"共青团员"号发生了事故，沉没于茫茫大海之中。而如今各国的核潜水艇到底能够潜多深已成为高度军事机密。

但是"共青团员"号和研究型潜水艇比起来，它就又显得逊色了。研究型潜水艇又叫深海潜水器。和普通潜水艇比起来，深海潜水器体积更小，乘员也少。不过它的材料和性能却远远超过了通常意义上的潜水艇。最早的美国"阿尔文"号深潜器，在1972年就曾经下潜到了3650米的深度，1994年改进后的"阿尔文"潜到了4500米的深度。我国的深潜器虽然起步较晚，但是发展速度迅猛，众所周知的"蛟龙号"深潜器在2012年6月24日创造出了7020米的极限下潜深度，并成功在马里亚纳海沟坐底。在研究型深海潜水器中，还有一种载人探险型深海潜水器。1960年，美国的"德里雅斯特号"首次潜入到了马里亚纳海沟底部，由于当时受深潜器材料的限制，一块舷窗玻璃被海水的压力挤压出了一条裂缝，探险者们只待了20分钟就匆匆上浮。这次深潜创造的纪录深度是10916米，到目前为止，这个纪录还没有被其他深海潜水器打破。

## 芝麻告诉你

潜水艇的下潜深度与很多因素有关。首先是潜水艇的材料，普通合金钢壳体潜水艇的下潜深度为300~600米，而钛合金材料潜水艇的下潜深度可达到1000米以上；其次是潜水艇的形状，圆形潜水艇的受力最均匀，也最耐压，因此可下潜的深度也比较深；第三，与耐压壳体上的开孔有关，如果开孔太多，壳体的抗压能力必然差，就不可能下潜得很深；最后就是密封，人员进出孔、电池装载口、鱼雷装卸孔、电缆或管路孔等大大小小的"可能漏水"的孔必须密封，这对于潜水艇来说是至关重要的，如果密封不好，潜水艇也不能下潜得太深。

---

现在，我要考考你们：潜水艇一般都是黑色的，你知道这是为什么吗？

A. 显得很酷　　B. 容易隐藏　　C. 吸引鱼类　　D. 随便涂的颜色

# 可以弯曲的电视屏幕你见过吗?

在芝麻我很小的时候,曾经有一件非常神奇的东西。它通常被锁在一个方方的木头盒子里,只有当夜幕降临,一大堆人安静地等在木盒子前面的时候,它才会露出尊容。你一定从你的爸爸、妈妈、爷爷、奶奶那里听说过那个9英寸或者12英寸的传奇英雄。没错,它就是黑白电视机。

20世纪80年代,中国的电视机屏幕都是弧形的,不但如此,弧形的屏幕后面还有一个大大的"屁股",后来,随着等离子电视和高清液晶电视的出现,这种弧形屏幕的电视就逐渐被淘汰了。现在,几乎每个家庭的电视都是又平又薄的,甚至可以像墙纸一样贴在墙壁上。如果我告诉你,我家的电视屏幕还是弧形的,你一定会觉得我的电视太古老了吧!

其实呢,是现在的电视屏

幕又可以变成弧形了。等等，电视也兴起复古潮流吗？当然不是，这里说的弧形，和以前的那种弧形，还真不一样，我们叫它"可弯曲屏幕"。

可弯曲屏幕是由石墨烯材料和聚酯片基底组成的透明触摸屏，它不但可以任意地折叠、弯曲，甚至还可以卷成筒状装进玻璃管里，瞧这个柔软程度，比很多纸板还要柔软呢。不止如此，这种材料轻轻吸附在普通的电脑屏幕上之后，就能让普通的电脑屏幕变身为触摸屏，用触控笔就能对电脑进行直接操作了。与现有的触摸显示屏相比，它透光率更高、功耗更低、性能更稳定、重量更轻、厚度更薄，卷起来放在书包里就可以带到任何地方去了。

很神奇吧？让屏幕能有这个效果的最大功臣就是"石墨烯"。石墨烯是一种由碳原子构成的新材料，为单

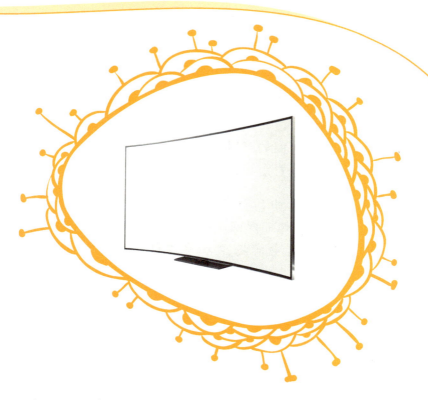

层片状，只有0.34纳米厚。0.34纳米有多厚呢？我们用肉眼根本看不见它。举个例子来说，一根头发丝的直径，大概等于十万层石墨烯叠加起来的厚度。石墨烯因只吸收约2.3%的光，所以它几乎是完全透明的。同时，石墨烯有很高的电导率，也是目前世界上最薄、最坚硬的纳米材料，可弯曲的触控显示屏幕就是用它做的。

可是没有人需要把电视卷起来放在书包里带走呀，为什么电视屏幕也要弯曲呢？其实，弯曲的电视屏幕可以增强电视画面的展现效果，使我们身临其境地体验到平板电视无法呈现的全景效果。在观看大气磅礴的自然景观或大型场景时，弯曲的屏幕可以让我们有置身在画面中"环视"的效果。另外，当人的双眼与电视画面的距离保持一致时，会有更好的视觉感受，所以屏幕的曲面设计正好使我们的双眼与屏幕处于相同的距离，观看画面时眼睛会感觉更舒服，也更有利于健康。

现在，可弯曲的电视屏幕已经上市了，在不远的将来，很多地方都可以买到，如果你想体验一下新科技，到时候不妨去家电卖场里看看这种现代科技的弯曲屏幕吧。

## 芝麻告诉你

一些电脑屏幕也已经开始采用可弯曲的显示屏了。其中最先进的，要数加拿大和英国合作开发的一种柔性平板设备，它像纸一样薄，重量很轻，同时又可以弯曲成适合使用者手型的样子，携带十分方便。据说，发明这种设备的人主要是想让我们在使用平板电脑的时候感觉和翻书是一样的。

现在，我要考考你们：猜一猜这种弯曲屏幕还用在了下列哪样东西上？

A. 手机　　B. 游戏机　　C. 摄像机　　D. 数码相机

# 海水能变成淡水吗？

2009年，芝麻我在新加坡参观学习了新加坡的"新生水"项目，这个项目在不久的将来或许可以解决很多地方的饮水问题。等等，水本来不就是可再生资源吗，怎么还要"新生"呢？别急，我现在就来解答这"新生"到底是什么意思。

我们都知道，地球上有百分之七十的表面积都被水覆盖着，但在这些水中，绝大部分都是不能直接饮用或者灌溉农田的咸海水，可供人畜饮用和植物灌溉的淡水只有可怜的百分之三。

随着人口的增多、科技的发展，人们对淡水的需求量越来越大了，淡水荒这个问题在许多城市都出现了，北京就是一个严重缺水的城市。

人们于是把目光投向了海水，既然有那么多的海水，为什么不把海水淡化呢？这事可不简单，表面看来，要淡化海水，只要将咸水中的盐与淡水分开即可，但实际操作起来，问题却变得十分棘手。

人们首先想到的淡化海水的方法叫作蒸馏法，这种方法简单、好操作，但得到的淡水非常少，很难满足人们对淡水的大量需求。后来人们又发明了冷冻法，就是

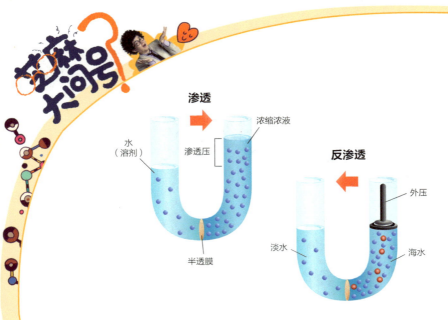

冷冻海水，使之结冰，在海水变成冰的同时，盐被分离了出去，但用冷冻法得到的淡水有一种怪味，不好喝。同时，这两种方法都有一个比较大的缺点，就是需要消耗大量的能源，换句话说就是，用这两种方法淡化海水十分不划算。

直到1953年，人们发明了一种新的淡化海水的方法——反渗透法。这种方法是利用半透膜来达到将淡水与盐分离的目的。在通常情况下，半透膜允许溶液中的溶剂通过，而不允许溶质透过。反渗透法最大的优点就是节能，生产同等质量的淡水，它的能源消耗仅为蒸馏法的1/40。因此，从1974年以来，发达国家不约而同地将海水淡化的研究方向转向了反渗透法。

后来，人们又发明了新的蒸馏法，这种新的蒸馏法通过降低气压，从而降低海水的沸点，进而降低了淡化海水的成本。现在世界上的大型海水淡化工厂，大多采用新的蒸馏法。在波斯湾沿岸地区,一些国家的淡化海水已经占到了本国淡水使用量的百分之八九十。而新加坡的"新生水"也是利用这个原理,通过四大工序逐步将海水淡化成我们能够饮用的淡水和质量稍差的生活用水,把不能用的海水转化成可利用的淡水,这不就是让海水获得了"新生"吗?现在,你是不是也想尝尝"新生水"的味道呢?

## 芝麻告诉你

海水的盐分很高,同时还含有很多矿物质,喝了海水会使体液中的矿物质浓度增大。人体为了保持体液的正常成分,就需要把过多的盐分和矿物质从尿里排泄掉。这样的排泄过程大大加重了肾脏的工作负担,而且在排泄过多的盐和矿物质的过程中,必然要同时排出相应数量的水分。其结果不但要把饮入的海水中的水分全部排泄掉,还要将人体内原来的一部分水也一起排出去,造成人体严重脱水甚至危及生命。

---

现在,我要考考你们:海水喝起来又苦又咸,是因为海水中含有大量的盐,你知道每1000克的海水中,平均含有多少克盐吗?

A.10克　　B.25克　　C.35克　　D.55克

# 答案

第004页问题答案：A

第008页问题答案：C

第012页问题答案：A、D

第015页问题答案：B

第018页问题答案：C

第021页问题答案：B

第024页问题答案：B

第027页问题答案：B

第033页问题答案：C

第037页问题答案：D

第041页问题答案：D

第044页问题答案：D

第048页问题答案：D

第051页问题答案：D

第054页问题答案：C

第057页问题答案：D

第060页问题答案：C

第063页问题答案：A、B

第067页问题答案：A

第072页问题答案：A

第075页问题答案：A

第079页问题答案：B

第082页问题答案：B

第085页问题答案：C

第090页问题答案：A

第093页问题答案：B

第096页问题答案：B

第099页问题答案：C

第102页问题答案：B

第106页问题答案：B

第108页问题答案：A

第114页问题答案：A

第117页问题答案：C

第120页问题答案：A

第123页问题答案：B

第128页问题答案：B

第132页问题答案：B

第136页问题答案：B

第140页问题答案：A

第143页问题答案：C

芝麻将带你走进奥妙无穷的神奇世界！探索未知就是开拓未来！你的脑海里有多少个小问号？大千世界有多少不明白？赶快到芝麻的科学宝库里找找吧！

—— 中央电视台少儿频道主持人　小鹿姐姐

小时候我和身边的许多小伙伴都有当科学家的梦想，但总找不到探索科学的途径和方法。我的好朋友芝麻为今天的小朋友领航："芝麻开门"是一句神奇的咒语，一档神奇的电视节目，更是一本神奇的百科全书！

—— 中央电视台少儿频道主持人　周洲

芝麻虽小，但力量无穷。感谢芝麻为孩子的心灵打开一扇智慧之门。

—— 中央电视台少儿频道主持人　月亮姐姐

只有不畏攀登，不怕巨浪，才能登上高山，深入水底，找到科学的真理。请小朋友们跟随芝麻畅游在科学的世界里吧！

—— 中央电视台少儿频道主持人　金豆

觉得科学知识枯燥难懂吗？快来看《芝麻的科学书》吧！芝麻把科学知识变得简单有趣，让你爱上科学，成为小小科学家！

—— 中央电视台少儿频道主持人　杜悦

说一句"芝麻开门"吧，有无限惊喜等着你！芝麻的科学书，让科学变得好好玩！还等什么，赶快和芝麻一起探索科学的奥秘吧！

—— 中央电视台少儿频道主持人　阳光姐姐

很多事情，乍看上去就像芝麻的头发一样一团乱麻，没有头绪。但是，只要你用眼睛观察，用手实践，用心感受，你就会发现其中的规律，让我们记住那句密语"芝麻，芝麻，开门吧"！

—— 中央电视台少儿频道主持人　小时

芝麻爱大家，科学实验天天夸。孩子喜欢家长乐，学习知识有办法。

实验虽小道理大，出书总结最奥妙。生活之中切莫要，丢了西瓜捡芝麻。

——中央电视台少儿频道主持人　哆来咪

科学泡泡，动手动脑。芝麻开门，探索奥妙。

——中央电视台少儿频道主持人　红果果和绿泡泡

想推开科学的大门？打开这本书然后高呼"芝麻开门吧"！

——中央电视台少儿频道主持人　黄炜

让生活变得科学，让科学融入生活。我们爱芝麻，芝麻爱科学。

——中央电视台少儿频道主持人　毛毛虫

爆炸头的芝麻，博学、机智、顽皮、可爱，他亲身体验，亲手完成无数有趣的科学实验。想和芝麻一起玩科学？那就快说："芝麻开门吧！"

——中央电视台少儿频道主持人　徐柳

芝麻芝麻真神奇，大大脑袋智慧多；众多动物来聚会，芝麻机智答疑惑；大象小马该吃啥，猩猩猴子如何分；不用去找老师问，芝麻这就告诉你。快加入芝麻的科学派对吧！

——中央电视台少儿频道主持人　陈怡姐姐

# 更多精彩阅读

芝麻科学探险解谜系列**惊喜来袭**！
这里有让孩子脑洞大开的**科学元素**和**科学知识**；
有惊险刺激、悬念迭生的**科学探险故事**；
还有开阔视野、增长见识的**烧脑谜题**……
快来跟少年芝麻一起体验神秘的科学探险之旅吧！
真相在**召唤**！

神秘地图（1）：草原王国的守望者　神秘地图（2）：潜水艇上的法老王
神秘地图（3）：始皇陵中的永生石　神秘地图（4）：雨林神殿的隐形人
神秘地图（5）：远古巨龙的咆哮声　神秘地图（6）：翡翠岛上的机械师
神秘地图（7）：彩虹山谷的暗影侠　神秘地图（8）：塔斯马尼亚的恶魔
神秘地图（9）：雪域高原的狼图腾　神秘地图（10）：地心溶洞的凤凰劫

　　一张神秘地图的召唤，崇尚科学、喜欢探险、勇于挑战的少年芝麻——麻哥和小伙伴们踏上了危机四伏、惊心动魄的科学探险之路，穿越草原王国、潜入黑暗海底、揭示永生之谜、探秘神奇雨林、历险恐龙世界、勇闯遗失海岛、深入蛮荒山谷、冒险世界尽头、奔赴雪域高原、涉险地心溶洞……他们依靠不凡的想象力和一往无前的勇气，辅以科学的神奇力量，不断战胜大自然的险恶环境，与暗藏的黑暗反派斗智斗勇……